의룡집
義龍集

동국대학교 불교기록문화유산아카이브사업단(ABC)
본서는 문화체육관광부 지원으로 동국대학교 불교학술원에서 간행하였습니다.

한글본 한국불교전서 조선 21
의룡집

2014년 6월 20일 초판 1쇄 인쇄
2014년 6월 30일 초판 1쇄 발행

지은이 의룡 체훈
옮긴이 김석군
펴낸이 김희옥
펴낸곳 동국대학교출판부

주소 100-715 서울시 중구 필동로 1길 30
전화 02-2260-3483~4
팩스 02-2268-7851
Homepage http://www.dgpress.co.kr
E-mail book@dongguk.edu
출판등록 제2-163(1973. 6. 28)
편집디자인 꽃살무늬
인쇄처 서진인쇄

© 2014, 동국대학교(불교학술원)

ISBN 978-89-7801-399-4 93220

값 17,000원

이 책의 무단 전재나 복제 행위는 저작권법 제98조에 따라 처벌받게 됩니다.

한글본 한국불교전서 조선 21

의룡집
義龍集

의룡 체훈 義龍體訓
김석군 옮김

동국대학교출판부

의룡집義龍集 해제

김종진
동국대 불교학술원 조교수

1. 개요

『의룡집』은 19세기 말경 범어사에 주석했던 의룡 체훈(생몰년 미상)의 문집이다. 이 문집은 한국불교전서 편집부에서 통도사 성파 스님 소장의 필사본을 발굴하여 『한국불교전서』 제12책(보유편)에 수록한 것이다. 『한국불교전서』 증보 작업을 통해 의룡 체훈과 그의 문학세계를 알게 되었다는 점에서 『한국불교전서』 증보 사업이 가지는 의의와 필요성을 재삼 확인할 수 있다.

2. 저자

이 문집은 판각이나 출판의 기회를 얻지 못한 초록抄錄의 상태로 전해져 온 결과, 작가 정보를 확인할 수 있는 기록도 찾아보기 어렵다. 다만 이 문집이 1895년 범어사 경내의 암자인 대성암에서 필사된 것에 비추어 볼 때 대사가 주석했던 장소와 입적 연도를 대략 추정할 수 있으며, 여러 기문을 통해 대사가 범어사의 큰스님으로 주석했던 사실을 알 수 있다.

출생한 해는 「임오년 동갑내기 헌답 유공기(壬午甲獻畓有功記)」를 통해 추정할 수 있다. 이 글은 임오생壬午生 승려들의 갑계甲契에서 토지를 희사한 내력을 기술한 글로서, 대사가 직접 참여했다는 점을 가정하면 임오년인 1822년을 대사가 출생한 연도로 비정할 수 있다.

입적한 해는 문집과 『범어사지』(한국학문헌연구소 편, 아세아문화사, 1989)에 수록된 기문의 연도가 1866년(「임오년 동갑내기 헌답 유공기」)과 1876년(「독성각 창건기」)의 두 기록을 제외하고는 모두 1880년대에서 1892년까지 집중되어 있고, 문집이 1895년에 필사되었으며, 그 이후의 간기가 없는 것을 보면 아마도 1892년~1895년경이 될 것이다. 다만 갑계가 6년 단위로 구성된 전례에 비추어 볼 때 대사의 정확한 출생 연도를 비정할 수는 없지만 이를 감안하더라도 정황상 대사는 1820년대 초에 출생하여 1890년대 초에 입적한 것이 확실시된다.

『범어사지』의 기문에는 문집의 기문과 달리 기록 연도와 작가 정보 및 시주질이 자세하게 기록되어 있어 작가에 대한 추가적인 정보를 제공한다. 먼저 『범어사지』의 기문 중 「명부전 중수 유공기冥府殿重修有功記」, 「미륵전 중수기」, 「동래 범어사 중수 명부전 상량문」에는 간기에 지은이가 "의룡 체훈義龍體訓"으로 나와 있다. 그리고 「미륵전 중수기」(1889)의 연화질과 「동래 범어사 중수 명부전 상량문」(1891)의 연화질에도 같은 명호가 등장한다. 이를 통해 보면 대사의 법호는 의룡義龍이며 법명은 체훈體訓임이 확실해진다.

대사의 법맥은 상세히 기록된 바 없다. 그러나 문집과 『범어사지』의 단편적인 기록을 통해 침송 계언枕松戒彦(19세기 중후반)의 제자임을 알 수 있다. "광서 17년 신묘년(1891, 고종 28) 8월 일에 침송의 제자 의룡 체훈이 삼가 기록하다.(光緒十七年辛卯八月日。枕松門人。義龍體訓謹誌。)"라는 문집의 「명부전 중수 유공기」가 그 근거가 된다. 이외에도『범어사지』의「대웅전단확중수유공기大雄殿丹雘重修有功記」의 연화질에 "도화주침송당계언都化主枕松堂戒彦"이라는 기록이 있는데, 이 글이 동치同治 10년 신미년(1871, 고종 8) 4월에 원공圓空이 쓴 것임에 비추어 볼 때, 침송당 역시 1871년까지는 생존해 있었던 것으로 보인다. 결국 대사의 스승 침송 계언枕松戒彦은 19세기 전반에 출생, 19세기 후반에 입적한 인물로 범어사에서 주석했던 인물로 판단된다.

3. 서지사항

1책 62장 분량의 필사본이다. 30cm×19cm. 표제는 의룡집義龍集, 내제는 의룡집단義龍集單이다. 표제는 내제를 복사하여 만들었다. 동국대학교에 복사본이 전한다. 간행지는 동래 범어사 대성암이며, 간행 연도는 미상이나 본문 마지막 내용 중 "개국 504년(1895) 을미 중춘에 대성암에서 초록하였다.(開國五百四年乙未仲春抄于大聖庵)"라는 기록이 있다.

수록 내용은 시 138편, 문 28편인데, 시는 〈통도사 시를 차운하다(次通度韻)〉, 〈중춘에 정령을 건너며(仲春度鼎嶺)〉, 〈우연히 읊다(偶吟)〉 등 세 편의 오언절구를 제외하고는 모두 칠언절구 형식이다. 특기할 만한 사항은 모든 시의 제목 하단에 운자를 (칠언시는 다섯 자, 오언시는 네 자씩) 병기했다는 점이다.『한국불교전서』12권에도 이를 반영하여 제목 아래 운자를 병기해 놓았다. 그러나 자세히 보면 원래 문집의 필체와 다르고 대부분은 가느다란 펜으로 필사한 것으로 보이는 등 원래의 기록은 아닌 것이 분명하다. 줄글체로 된 시를 끊어 읽기 편하도록 처음의 문헌에 가필한 것으로 보이므로 본 번역서에서는 이 부분은 삭제하는 것도 무방하다.

4. 내용과 성격

1) 시의 세계

　문집에는 시 138편과 문 28편이 수록되어 있다. 수록된 시는 일정한 질서를 찾아보기 어려우나 시의 내용 중에 30대나 40대, 50대에 지어진 시로 유추할 수 있는 작품이 중간 중간 제시되어 있는 것을 보면 창작 시기 순으로 편집되었을 가능성도 있다.
　30대에 지은 시는 〈우연히 한거시를 짓고 다음날 웃으면서 읽고는 따로 한 수를 읊다(偶作閒居詩明日笑而讀之別賦一首)〉와 〈여러 벗들과 읊다(與諸益吟)〉가 있다. 30대 시인의 삶과 정신세계의 표상을 고목에 비유하고 있는 앞의 작품은 작자의 삶에 대한 관조의 시로 우수한 문학적 성취를 보여 주고 있다. 대사가 천상 시인이라는 점은 여러 편의 시에 드러나는 바이지만 이미 30대에 창작된 것으로 보이는 〈육률을 읽다가 한거자술의 운에 따라 짓다(讀陸律拈閒居自述韻)〉에서도 잘 확인된다. 이 시에서 대나무 잎에 부는 바람 소리, 문에 가득한 봄기운이 청각과 촉각으로 자신을 휘어 감는 표현을 구사하고 있는데, 그 결과 시인은 고독한 존재라기보다는 자연의 울림과 함께하는 존재로서 동화되고 있음을 노래하고 있다. 자신의 사상과 철학으로 자신의 철옹성을 구축하기는커녕 틈새에 들어오는 봄의 기운, 자연의 울림에 무장 해제된 화자의 모습이 잘 드러나 있어 격식을 타파한 운수납자의 흥취가 완연하다. 이렇듯 『의룡집』에는 선의 기미를 날선 표현으로 드러내어 시적인 충격을 주는 시를 발견하기 어렵다. 또한 산중에서 수도하는 승려로서 자신의 도 닦음과 추구하는 불도의 세계를 전달하려 의도한 경우도 찾아보기 어렵다. 다만 이상 소개한 것처럼 자연 속에서 계절이나 풍경의 흥취를 느끼는 시인으로서 자연에 동화된 자신을 노래하고, 또 그러한 세계를 담은 시를 짓는 자신의 모습을 득의연하게 제시하는 시가 다수이다. 〈여러 벗들과 읊다〉 등의 시에서는 승속의 차이를 넘어 시를 통해 사람을 만나고, 같은 시공의 한 장면 속에서 감성을 공유하며, 이를 통해 자족을 느끼던 시인의 모습이 완연하다. 시를 좋아하고 시를 통해 사람과 만나기를 좋아하며 시를 통해 시인의 품성을 확인하는 다수의 시는 의룡 대사가 천상 시인이었음을 말하는 증거가 된다.

의룡의 시 가운데 나이 반평생을 회고하거나 50대에 이르렀음을 드러낸 몇 편의 시가 있다. 50대의 나이와 관련된 시로는 〈우연히 읊다(偶吟)〉, 〈중춘의 즉흥시(仲春卽事)〉, 〈봄날 옛 친구와 읊다(春日與故人吟)〉, 〈또(又)〉 등이 있다. 50대의 시는 30대의 시와 분위기가 사뭇 다르다. 시를 향한 애호의 심정은 여전하지만 지나온 삶을 회고하는 분위기를 드러낸 경우가 많다. 운수납자로서 얽매임 없이 살아온 자신, 부귀를 누리는 삶을 동경하지 않았던 자신의 삶과 내면을 보여 주는 것이다.

반평생 시에 도취되어 지내온 화자에게 시는 과연 무엇이었을까. 여러 편의 시에서 시를 벗 삼아 지낸 화자의 모습을 표현했던 시인은 이 작품에서는 '번민을' 푸는 매개로 삼았음을 말하고 있는데, 이는 시인으로서 대사의 내면에 자족적 세계를 구축하는 한 방편이었음을 알 수 있다. 시의 세계에 자족하던 대사에게도 아쉬움으로 남는 일은 다만 '절에 부끄럽게 도의 싹 보이지 않는다는 현실이다. 그러나 이러한 현실 인식은 시에 도취된 감흥에 비하면 그리 크게 드러나지 않는 것이 의룡 시의 전반적인 경향이다. 의룡의 시는 시인으로서의 삶이 더 두드러져 보인다.

이상에서 30대와 50대의 시의 변화를 살펴보았지만 그 밖의 대부분의 시는 창작 시기를 알 수 없다. 다만 이들 시 가운데 두드러지는 몇 가지 소재적 경향을 살펴볼 수 있는데 즉물시(卽物詩(物名詩), 교유시, 주변 자연을 읊은 시, 제화시 등으로 나누어 볼 수 있다.

먼저 주목되는 것은 구체적 사물에 대한 감성을 표현한 즉물시 혹은 물명시이다.

〈병풍 그림을 읊다(吟畫屛)〉, 〈벼루(硯)〉, 〈붓(筆)〉, 〈보름날 달구경(十五夜玩月)〉, 〈종이(紙)〉, 〈먹(墨)〉, 〈연적(硯滴)〉, 〈염주(念珠)〉, 〈부채(扇子)〉, 〈검(劒)〉, 〈베개(枕)〉, 〈승립(僧笠)〉, 〈고목〉, 〈늦봄(暮春)〉, 〈까치집(鵲巢)〉, 〈용 그림(畫龍)〉, 〈단오〉, 〈아침밥(晨炊)〉, 〈화상(畫像)〉, 〈즉흥시(卽事)〉, 〈잠자리(蜻蜓)〉, 〈용 그림(畫龍)〉, 〈호랑이 그림(畫虎)〉, 〈등(燈)〉의 작품은 시인으로서 주변 개별 사물에 대한 탐구에 시선이 이어진 작품들이다. 〈종이〉, 〈검〉 등의 작품에선 가전(假傳)의 지식을 활용하여 옛 고사와 접맥을 시켜 대상을 노래하고 있으며, 〈베개〉 등의 작품에서는 우리가 일상에서 정말로 사소하게 다루고 있는 대상에 대해 가벼운 터치로 그 실상을 유쾌하게 노래하고 있다. 이들 물명시에서는 전체적으로 사물에 대한 시인의 세심한 관찰력이 돋보인다.

교유시로는 산문의 도반들과 교류한 시, 동래 지역의 여러 선비나 관료와 교류한 시가 있는데, 두 경향이 서로 대등한 분량으로 나타난다.

산문의 도반들과 주고받은 시로는 〈광운 화상을 모시고(奉陪廣雲和尙)〉, 〈아이에게 삭발을 권함(勸兒削髮)〉, 〈신년에 취서 산인을 만나 읊다(新年逢鷲捿山人吟)〉, 〈첨 상인과 이별하며 주다(贈別沾上人)〉, 〈봄밤에 가야산의 빈 자리를 탄식하다(春夜歎伽倻虛席)〉, 〈늦봄에 해룡당을 만나다(晚春逢海龍堂)〉, 〈사산을 만나 읊다(逢史山吟)〉, 〈통도사 시를 차운하다(次通度韻)〉, 〈용호 내문에게 주다(贈龍湖乃文)〉, 〈금파에게 부치다(寄錦坡)〉, 〈해룡 상인을 보내며(送海龍上人)〉, 〈해인사 상인에게 주다(贈海印寺上人)〉, 〈환산 상인에게 주다(呈幻山上人)〉, 〈수신사를 대하여 읊다(對修信士吟)〉, 〈염 학인을 보내며(送念學人)〉 등이 있다.

관료나 유자들과 수창한 시로는 〈본 고을 원님을 모시고(奉陪本倅)〉, 〈밀성 사군을 모시고(奉陪蜜城使君)〉, 〈왕 선비에게 주다(贈王雅士)〉, 〈원님을 만나 읊다(逢倅吟)〉, 〈본 고을 원님을 만나 읊다(以逢本倅吟)〉, 〈본 고을 원님에게 읊어 드리다(呈本倅吟)〉, 〈성암 선생 행헌에 드리다(奉呈成庵先生行軒下)〉, 〈본부의 사군을 송별하며(送別本府使君)〉, 〈본 고을 원님을 이별하며(奉別本倅)〉, 〈본 고을 원님을 모시고(奉陪本倅)〉, 〈수사 정석정과 해운대를 읊다(與鄭水使石汀吟海雲臺)〉, 〈수사 정석정을 이별하며 드리다(贈別鄭水使石汀)〉, 〈본 고을 원님이 산성 떠나는 것을 전별하며(餞別本倅去山城)〉, 〈부산 이연린과 함께 읊다(與釜山李蓮隣共吟)〉, 〈본부의 장연호와 읊다(與本府張蓮湖吟)〉, 〈본부의 한설초와 읊다(與本府韓雪初吟)〉, 〈본 고을 원님을 모시고(奉陪本倅)〉 등이 있다.

의룡의 시는 이외에도 금정산 범어사 주변의 풍경을 담은 시가 많다. 금정산 범어사를 중심으로 작가의 자연친화적인 산중 생활을 노래한 시는 크게 풍경을 읊은 시, 계절의 감흥을 읊은 시로 나뉜다. 〈망금암에 올라 읊다(登望金巖吟)〉, 〈의상대에서 아침 해를 읊다(義想臺朝日吟)〉, 〈계봉의 밝은 달(鷄峯明月)〉, 〈연사의 저녁 종소리(蓮社暮鍾)〉, 〈성암의 폭포(聖庵飛瀑)〉, 〈고당의 낙조(高堂落照)〉, 〈두령에 돌아가는 구름(斗嶺歸雲)〉, 〈미륵층암(彌勒層岩)〉, 〈이른 아침 산의 누대(早旦山樓)〉, 〈쌍벽루에 올라(登雙碧樓)〉, 〈의상대에 올라(登義想臺)〉, 〈구포 나루를 지나며(過龜浦津頭)〉, 〈붉은 여뀌를 읊다(咏紅蓼花)〉, 〈중춘의 즉흥시(仲春卽事)〉, 〈죽순을 먹다(食筍)〉 등이 있다.

계절의 감흥을 노래한 시로는 〈제야에 읊다(除夜吟)〉, 〈입춘에 읊다(立春吟)〉, 〈봄비(春雨)〉, 〈초여름에 우연히 읊다(初夏偶吟)〉, 〈여름날(夏日)〉, 〈중양절에 우연히 읊다(重陽偶吟)〉, 〈중추절에 옛 친구와 함께 읊다(仲秋與故人吟)〉 등이 있다.

또한 여덟 가지 절경을 노래한 팔경시가 있다. 소상팔경을 노래한 팔경시를 패러디하여 지은 시(〈洞庭秋月〉, 〈平沙落鴈〉, 〈瀟湘夜雨〉, 〈山市晴嵐〉, 〈烟寺暮鐘〉, 〈江天暮雪〉, 〈漁村落照〉, 〈遠浦歸帆〉)가 있다.

이와 함께 금정산 주위의 팔경을 읊었을 것으로 추정되는 시가 문집에 연이어 수록되어 있다. 〈의상대에서 아침 해를 읊다(義想臺朝日吟)〉, 〈계봉의 밝은 달(鷄峯明月)〉, 〈연사의 저녁 종소리(蓮社暮鍾)〉, 〈성암의 폭포(聖庵飛瀑)〉, 〈고당의 낙조(高堂落照)〉, 〈두령에 돌아가는 구름(斗嶺歸雲)〉, 〈미륵층암〉 7편은 문집에 차례대로 실려 있는데 이 가운데 현재 범어팔경으로 전하는 내용과 겹치는 제목이 보인다. 〈의상대에서 아침해를 읊다〉는 현재 범어팔경 중 제1경 의상망해와 관련이 있다. 원효암 근처에 있는 의상대에 올라 멀리 바라다 보이는 동해 바다를 노래한 것이다. 〈성암의 폭포〉는 제3경 대성은수와 관련이 있는데, 대성암 주위에 들리는 깊은 밤 물소리를 묘사한 것이다. 〈계봉의 밝은 달〉은 제5경 계명추월과 관련이 있다. 계명암에서 바라보는 가을달의 아름다운 풍경을 말한다. 〈고당의 낙조〉는 제8경 고당귀운과 관련이 있다. 금정산 상봉을 고당봉이라 하는데, 고당봉에 흰 구름이 흘러가는 경치를 말한다. 고당봉은 고당봉高幢峰, 또는 고당봉姑堂峰이라고 표기되기도 하였다. 다만 범어팔경 중에 제2경 어산노송, 제4경 청련야우, 제6경 내원모종, 제7경 금강만풍 등은 문집에 제시된 것과 다르나, 문집의 시들이 팔경시를 시도한 것은 분명해 보인다.

마지막으로 제화시는 〈용 그림〉, 〈화상〉, 〈호랑이 그림〉 등이 있고, 〈영산팔상〉 8수는 영산회상도 같은 탱화나 변상도를 시로 노래한 것이다. 단순한 그림에 대한 묘사를 넘어서 직접 그림을 그리는 작자의 모습까지도 떠올릴 수 있을 정도로 그림에 대한 관심을 엿볼 수 있다.

전체적으로 평가해 보면 의룡의 시는, 시를 인생의 동반자, 수도의 동반자로 삼았던 작가의 모습이 드러난 경우가 많으며, 시의 분위기는 안온하고 격조가 있다. 시를 통해 작자의 성품을 추정하자면 그는 안온한 성품과 격조 있는 수도 시인이 아니었을까 짐작할 수 있다.

한편 여러 시편에서 시의 효용, 품격론, 기타 시론에 상응하는 내용을 살펴볼 수 있다. 대사의 시에는 시를 매우 사랑하고 즐겨 했던 삶의 모습이 담겨 있는 한편으로, 그 감각의 표현이 근대시의 그것을 연상시킬 정도로 정제되어 있다는 점이 주목된다.

예를 들어 〈통도사 시를 차운하다〉는 통도사의 고즈넉한 사찰 풍경을 정적으로 그려내며 나그네의 적막함을 드러내고 있다. 달과 계곡의 물소리, 북소리, 텅 빈 사찰과 풀벌레 소리 등은 서로 어우러지고 때로는 대비되면서 고요한 산사의 정취와 그 속에 머무는 나그네 심정을 잘 드러내고 있다. 이는 마치 박목월의 〈불국사〉를 읽는 듯한 느낌을 준다. 대사의 시는 맑고 정갈하며 이를 굳이 선승의 선정禪定에서 우러난 시, 혹은 선취시禪趣詩라 이름붙일 이유 없이 그대로의 서정시가 된다. 대사가 보여 주는 서정의 세계는 맑고 그윽하다.

2) 기문의 세계

먼저 문집의 문 28편 중에 문집이나 사지寺誌를 통해 제작 연도를 확인할 수 있는 글로 다음 13종이 있다.

  1866년 「임오년 동갑내기 헌답 유공기(壬午甲獻畓有功記)」
  1876년 「독성각 창건기獨聖閣刱建記」
  1881년 「원효암 중수 유공기元曉庵重修有功記」
  1881년 「천성산 내원암 장등 유공기千聖山內院庵長燈有功記」
  1883년 「동래 범어사 대웅전 불사 유공기東萊梵魚寺大雄殿佛事有功記」
  1887년 「마하사 대웅전 중수 번와 유공기摩訶寺大雄殿重修飜瓦有功記」
  1888년 「함홍당 금고 중수 유공기含弘堂金鼓重修有功記」

1889년 「미륵전 중수 유공기彌勒殿重修有功記」
1890년 「마하사 불사 유공기摩訶寺佛事有功記」
1891년 「명부전 중수 유공기冥府殿重修有功記」
1891년 「동래 범어사 명부전 중수 상량문東萊梵魚寺冥府殿重修上樑文」
1892년 「김해 서림사 중수 유공기金海西林寺重修有功記」

내용은 범어사를 중심으로 사찰의 중수와 관련된 것이 대부분인데 대부분의 기문이 1881년~1892년에 기록되었음을 알 수 있다. 대사가 이 시기에 범어사의 큰스님으로 주석하면서 여러 사찰 중수 행사에 증명법사로 활약하고 있음을 알 수 있다.

이러한 경향과 달리 문집의 마지막에 수록된 「범어사 승군 등장」은 동래부에 올리는 상소문으로 범어사 승군의 실상과 현실적 어려움을 잘 드러내는 글로 주목된다. 이 글은 어느 해 동래부사의 행차에 맞추어 작성하여 전달하고자 경내의 대성암에서 지은 것이다. 이 글에는 범어사가 있는 금정산이 변방의 중요한 땅으로서 강희 42년(1703)에 금정산성을 설치하고 5백 명의 승군을 주둔시켰던 일과, 이후 조정의 배려로 승군을 3백 명으로 줄였으나 사찰의 부담이 매우 컸던 지난 사실을 말하였다. 경제적인 부담은 말할 것 없고 수행자들이 노동력 제공에 지쳐 수행 공간으로서도 많이 흐트러질 수밖에 없던 상황이었을 것으로 짐작된다. 그러던 중 당시 기준으로 백 년 전, 즉 1795년 전후로 조엄이 배려하여 승군을 백 명으로 줄였으나 사찰이 받는 폐해는 적지 않았음을 밝히고 있다. 즉 동래 본부에서 승군을 점열하면 모든 승군이 산성에서 내려와 점열하는 곳까지 이동해야 하는데 약 삼사일 동안의 시간과 부담하는 식비가 만만치 않다고 하였다. 그리고 이 모든 경비가 승군의 '쌈짓돈'에서 갹출하고 있어 모두 원한을 품고 한탄하고 있다고 하였다. 이는 각 도마다 읍에 주둔하는 별포군에게는 곡식을 대주는데 금정산성 백 명의 승군들에게는 몇 백 냥이나 몇 백 석의 쌀이나 돈을 대준 적이 없다고 하며 그 차별상을 하소연하고 있다.

이 시기는 근대의 제도가 정비되기 직전이어서 밖에서는 근대화의 분위기가 젖어들어 오는 때인데 사찰을 둘러싼 제반 상황은 여전히 전근대적인 질곡 속에 있었음을 드러내고 있다. 물론 어둠이 깊을수록 머지않아 새벽이 동트는 것처럼 이 시대는 근대 이전의 범어사의 상황을, 불교계의 현실과 그 어두움을 잘 보여 주는 것으로 평가할 수 있다.

5. 가치

범어사는 선찰 대본산禪刹大本山으로서 많은 고승을 배출하였고, 근대 전환기에는 한국 불교의 정통을 수호하는 데 중요한 역할을 하였다. 또 범어사는 1910년에 한국 불교의 선종수사찰禪宗首寺刹로 인정받았다. 1910년대에는 조선총독부가 발포한 사찰령에 반대하는 임제종 운동을 전개하였고, 이후 교육, 포교의 분야에서도 선도적인 역할을 하면서 근대 불교의 정체성을 확립하는 데 중요한 기반을 마련하였다. 특히 경허 성우(1849~1912)는 1900년을 전후로 범어사와 해인사를 중심으로 대중이 함께 참여하는 수선결사를 결성하여 근대 선풍을 진작시키는 역할을 하였다.

범어사가 근대 한국 불교의 정체성을 수립하는 데 있어 큰 역할을 한 것에 비하면 그 직전의 시기, 즉 1800년대에 주석했던 승려와 그 활동에 대해서는 너무 알려진 것이 적다. 이런 상황에서 『한국불교전서』 보유편에 『의룡집』이 수록된 것은 이 시대의 조명에 한 줄기 빛과 같은 것이다. 『의룡집』은 범어사 경내의 대성암에서 필사된 것인데 판각이나 출판의 기회를 얻지 못한 상태에서 바로 『한국불교전서』에 편입되었다. 『의룡집』은 19세기 말경 범어사에 주석했던 의룡 체훈이라는 인물과 문학에 대해 증거하고 있는 유일한 자료이다. 그리고 『의룡집』을 통해 그가 맑은 시심을 가진 시인으로서 수준 높은 시 세계를 구축했고, 19세기 후반기의 범어사를 중심으로 사찰의 중건 과정을 살펴볼 수 있는 많은 기문을 남겼음을 알 수 있다. 그리고 승군의 실태와 관리 양상을 살펴볼 수 있는 등장等狀은 19세기 말 범어사의 사찰 운영의 한 양상을 보여 준다는 점에서 의의가 크다. 앞으로 19세기 범어사와 해인사를 중심으로 한 승려들의 기록과 문집을 고찰하면 전근대와 근대의 연속성이나 차이를 살펴보는 데 유효할 것으로 생각한다.

차례

의룡집義龍集 해제 / 5
일러두기 / 25

시詩-138편 / 29

망금암에 올라 읊다 登望金巖吟 31
우연히 읊다 隅吟 32
또 읊다 又吟 33
또 읊다 又吟 34
탄식하며 읊다 歎吟 35
제야에 읊다 除夜吟 36
입춘에 읊다 立春吟 37
당률에서 변 자를 얻고는 읊다 拈唐律得邊字吟 38
봄비 春雨 39
본 고을 원님을 모시고 奉陪本倅 40
밀성 사군을 모시고 奉陪蜜城使君 41
봄비 春雨 42
벗을 만나 읊다 奉友人吟 43
여러 날 술이 없고 또 문밖을 나서지 못해 이 시를~ 累日無酒亦不出門戱作此詩 44
병풍 그림을 읊다 吟畫屛 45
육률을 읽다가 한거자술의 운에 따라 짓다 讀陸律拈閒居自述韻 46
우연히 한거시를 짓고 다음날 웃으면서~ 偶作閒居詩明日笑而讀之別賦一首 47
광운 화상을 모시고 奉陪廣雲和尙 48
흥을 달래며 遣興 49
왕 선비에게 주다 贈王雅士 50
또 又 51
동정추월洞庭秋月 52

평사낙안平沙落鴈 ……… 53
소상야우瀟湘夜雨 ……… 54
산시청람山市晴嵐 ……… 55
연사모종烟寺暮鐘 ……… 56
강천모설江天暮雪 ……… 57
어촌낙조漁村落照 ……… 58
원포귀범遠浦歸帆 ……… 59
이른 봄에 지은 즉흥시 早春卽事 ……… 60
배움을 포기하고 생업으로 돌아가는 원 상인에게 주다 贈元上人廢學歸産 ……… 61
아이에게 삭발을 권함 勸兒削髮 ……… 62
또 又 ……… 63
벼루 硯 ……… 64
나그네를 만나 주다 逢客相贈 ……… 65
또 又 ……… 66
또 又 ……… 67
붓 筆 ……… 68
보름날 달구경 十五夜玩月 ……… 69
종이 紙 ……… 70
먹 墨 ……… 71
신년에 취서 산인을 만나 읊다 新年逢鷲捿山人吟 ……… 72
연적硯滴 ……… 73
입춘 지나 열흘이 넘도록 춥지 않은 날이~ 立春後經旬無日不寒偶得長句 ……… 74
염주念珠 ……… 75
부채 扇子 ……… 76
검釰 ……… 77
베개 枕 ……… 78
승립僧笠 ……… 79
첨 상인과 이별하며 주다 贈別沾上人 ……… 80
점심에 우연히 읊다 午飯偶吟 ……… 81
소나무를 심다 種松 ……… 82

의상대에서 아침 해를 읊다 義想臺朝日吟 ········ 83

계봉의 밝은 달 鷄峯明月 ········ 84

연사의 저녁 종소리 蓮社暮鍾 ········ 85

성암의 폭포 聖庵飛瀑 ········ 86

고당의 낙조 高堂落照 ········ 87

두령에 돌아가는 구름 斗嶺歸雲 ········ 88

미륵층암彌勒層岩 ········ 89

원님을 만나 읊다 逢倅吟 ········ 90

또 又 ········ 91

또 又 ········ 92

우연히 읊다 偶吟 ········ 93

문 선비가 귀녕 가는 것을 전송하며 送文雅士歸寧 ········ 94

봄밤에 가야산의 빈자리를 탄식하다 春夜歎伽倻虛席 ········ 95

연향이 떠나지 않는 것을 탄식하다 歎宴享不去 ········ 96

고목古木 ········ 97

늦봄 暯春 ········ 98

까치집 鵲巢 ········ 99

용 그림 畫龍 ········ 100

늦봄에 해룡당을 만나 晚春逢海龍堂 ········ 101

사산을 만나 읊다 逢史山吟 ········ 102

통도사 시를 차운하다 次通度韻 ········ 103

용호 내문에게 주다 贈龍湖乃文 ········ 104

초여름에 우연히 읊다 初夏偶吟 ········ 105

운산에서 미인과 이별하며 雲山別美人 ········ 106

금파에게 부치다 寄錦坡 ········ 107

나그네를 만나 읊다 逢客吟 ········ 108

또 又 ········ 109

단오端午 ········ 110

아침밥 晨炊 ········ 111

성암에서 우연히 만나다 聖庵偶會 ········ 112

또 又 113
여름날 夏日 114
화상 畫像 115
즉흥시 卽事 116
높은 누대에서 시 하나를 지어 읊다 高樓得一吟 117
잠자리 蜻蜓 118
일 때문에 문을 나섰다가 열기가 두려워 돌아오다 因事出門畏熱而歸 119
이른 아침 산의 누대 早旦山樓 120
또 又 121
해룡 상인을 보내며 送海龍上人 122
우연히 읊다 偶吟 123
해인사 상인에게 주다 贈海印寺上人 124
비두 備頭 125
쌍벽루에 올라 登雙碧樓 126
의상대에 올라 登義想臺 127
구포 나루를 지나며 過龜浦津頭 128
붉은 여뀌를 읊다 咏紅蓼花 129
여러 벗들과 읊다 與諸益吟 130
또 又 131
본 고을 원님을 만나 읊다 以逢本倅吟 132
또 읊다 又唫 133
또 又 134
또 又 135
또 又 136
또 又 137
또 又 138
환산 상인에게 주다 呈幻山上人 139
구일에 읊다 九日唫 140
본 고을 원님에게 읊어 드리다 呈本倅吟 141
또 又 142

또 又 143

용 그림 畫龍 144

호랑이 그림 畫虎 145

등 燈 146

중춘에 정령을 건너며 仲春度鼎嶺 147

우연히 읊다 偶吟 148

나그네를 마주하여 읊다 對客吟 149

우연히 읊다 偶吟 150

우연히 읊다 偶吟 151

또 又 152

뜨락의 버드나무를 읊다 吟庭下柳 153

수신사를 대하여 읊다 對修信士吟 154

우연히 읊다 偶吟 155

부산 이연린과 읊다 與釜山李蓮隣吟 156

염 학인을 보내며 送念學人 157

벗을 만나 읊다 逢故人吟 158

또 又 159

송별 送別 160

우연히 읊다 隅吟 161

또 又 162

중춘의 즉흥시 仲春卽事 163

또 又 164

또 又 165

또 又 166

죽순을 먹다 食筍 167

삼짇날 다음날 성암에서 밤에 이야기하다 上巳翌日聖庵夜話 168

봄날 산중에서 즉흥적으로 읊다 春日山中卽事 169

초여름에 여러 벗을 만나 읊다 早夏逢諸益吟 170

수사 정석정과 읊다 與鄭水使石汀吟 171

영산팔상 靈山八相 172

성암 선생 행헌에 드리다 奉呈成庵先生行軒下 175
본부의 사군을 송별하며 送別本府使君 176
본 고을 원님을 이별하며 奉別本倅 177
본 고을 원님을 모시고 奉陪本倅 178
또 又 179
수사 정석정과 해운대를 읊다 與鄭水使石汀吟海雲臺 180
또 又 181
중양절에 우연히 읊다 重陽偶吟 182
수사 정석정을 이별하며 드리다 贈別鄭水使石汀 183
구일에 나그네와 읊다 九日與客吟 184
우연히 읊다 偶吟 185
중추절에 옛 친구와 함께 읊다 仲秋與故人吟 186
본 고을 원님이 산성 떠나는 것을 전별하며 餞別本倅去山城 187
나그네를 보내다 送客 188
봄날 옛 친구와 읊다 春日與故人吟 189
나그네를 대하여 읊다 對客吟 190
부산 이연린과 함께 읊다 與釜山李蓮隣共吟 191
또 又 192
우연히 읊다 偶吟 193
본부의 장연호와 읊다 與本府張蓮湖吟 194
또 又 195
또 又 196
우연히 읊다 偶吟 197
본부의 한설초와 읊다 與本府韓雪初吟 198
우연히 읊다 偶吟 199
우연히 읊다 偶吟 200
본 고을 원님을 모시고 奉陪本倅 201
우연히 읊다 偶吟 202
나그네와 읊다 與客吟 203
또 又 204

또 又 205
또 又 206
또 又 207

문文-28편 / 209

동래 범어사 대웅전 불사 유공기東萊梵魚寺大雄殿佛事有功紀 211
함홍당 금고 모연문含弘堂金鼓募緣文 216
청풍당 금고 모연문淸風堂金鼓募緣文 218
원효암 중수 유공기元曉庵重修有功紀 220
김해 서림사 중수 유공기金海西林寺重修有工紀 222
범어사 폐막 조건기梵魚寺弊瘼條件記 224
함홍당 금고 중수 유공기含弘堂金鼓重修有功記 227
명부전 중수 유공기冥府殿重修有功記 229
범어사 대웅전 후불탱화 모연문梵魚寺大雄殿後佛幀畫募緣文 232
아미타불과 석가세존 탄일 모연문阿彌陀佛及釋迦世尊誕日募緣文 234
독성각 창건기獨聖閣刱建記 236
천성산 내원암 장등 유공기千聖山內院庵長燈有功記 238
범어사 명부전 중수 모연문梵魚寺冥府殿重修募緣文 240
원흥방 불상 장등 도배 모연문元興房佛像長燈塗排募緣文 243
동래 범어사 명부전 중수 상량문東萊梵魚寺冥府殿重修上樑文 246
미륵전 중수 유공기彌勒殿重修有功記 250
범어사 원효암 염불 모연문梵魚寺元曉庵念佛募緣文 252
용화전 중수 상량문龍華殿重修上樑文 254
사자암 법당 개와 모연문獅子庵法堂盖瓦募緣文 257
마하사 불사 유공기摩訶寺佛事有功記 258
마하사 대웅전 중수 번와 유공기摩訶寺大雄殿重修翻瓦有功記 260
마하사 나한전 중수 모연문摩訶寺羅漢殿重修募緣文 262
대성암 본채 번와 익랑 중수 모연문大聖庵體寮翻瓦翼廊重修募緣文 264

임오년 동갑내기 헌답 유공기 壬午甲契畓有功記 266
종계서宗契序 269
새 영정을 봉안하는 축문 新影奉安祝文 271
염 상인을 보내며 送念上人 273
범어사 승군 등장梵魚寺僧軍等狀 274

주 / 277
찾아보기 / 289

일러두기

1 '한글본 한국불교전서'는 문화체육관광부의 지원을 받아 동국대학교 불교학술원에서 수행하고 있는 '불교기록문화유산아카이브사업(ABC)'의 결과물을 출간한 것이다.
2 이 책은 『한국불교전서』(동국대학교출판부 간행) 제12책의 『의룡집義龍集』을 저본으로 하여 번역하였다.
3 번역문에 이어 원문을 병기하였다. 원문은 『한국불교전서』를 저본으로 하였으며, 문文의 원문에만 간단한 표점 부호를 넣었다.
4 원문 교감 내용은 원문 아래에 표기하였다. ㉮은 『한국불교전서』의 교감 내용을, ㉱은 번역자의 교감 내용을 가리킨다.

의룡집 단
| 義龍集 單[*] |

의룡 체훈 義龍體訓[**]

---

[*] ㉮ 개국 504년(1895)에 대성암大聖庵에서 베낀 필사본이다.(통도사 성파 스님 소장)
[**] ㉯『한국불교전서』에는 미상으로 되어 있으나 한국학문헌연구소 편,『범어사지梵魚寺誌』(서울: 아세아문화사, 1989)에는 의룡 체훈義龍體訓으로 되어 있어 보충해 넣었다.

시詩*

---
* ㉮ '시詩' 한 글자는 편자가 보충해 넣었다.

망금암에 올라 읊다
登望金巖吟[1]

동남쪽 끝을 바라보니 물가에 닿아	東南望際卽河濱
호탕하기 그지없어 시선에 끝이 없구나	浩蕩難憑眼不貧
어떡하면 좋은 벗들과 한자리에 모여	那得佳朋同會席
지은 시 길게 읊조리며 봄놀이 할까	長吟新句結遊春
가지마다 재잘대며 새들은 훨훨 날고	千枝巧舌翩翩鳥
반나절 산그늘에 사람들 가고 가는데	半日山陰去去人
속진 마음 잠시 내려놓고 이곳에 오니	暫放塵心來此座
좋은 경치 약 같아서 몸이 가뿐해진다	名區如藥可輕身

---

1) ㉠『한국불교전서』원주에 "이 시 제목 아래에 부기附記한 다섯 글자는 본시本詩의 운자韻字이다. 이 아래도 같다."라고 되어 있으나 필사본에 가필한 흔적이 역력하여 번역본에서는 전부 생략하였다.

우연히 읊다
偶吟

절집은 세상 등졌지만 해는 늘상 떠서	空門逃世日常開
가을 낙엽 봄꽃으로 세월 재촉한다	秋葉春花歲月催
구름 덮인 숲에 경쇠 소리 감돌자 산 고요한데	雲林磬落山初靜
바닷가 찬 서리에 기러기는 몇 번이나 오갔나	海國霜寒鴈幾廻
먼저는 낙제해서 여러 가지 아쉬웠지만	先言落第多般惜
다음에는 유람 기뻐하여 세 번이나 찾았다네	次喜遊筇三到來
중양절 헛되이 보낸 게 바로 어제인데	重九虛經惟昨日
건너 봉우리 돌길은 떨어진 단풍에 묻혔구나	前峯石逕落楓埋

또 읊다
又吟

우리들 타고난 성품 본디 아는 게 없나니	萬人賦性素無知
늘 성현의 경전 보고 노련한 스승 대해야 하리	每閱賢經對宿師
예전에는 청춘이라 씩씩한 기운 많았지만	前去靑春多壯氣
지금은 국화 시절이라 깊은 생각 일으킨다오	今來黃菊發幽思
나그네 진경 찾아 산수를 즐기는 때에	客子尋眞山水樂
가는 기러기 절기 재촉하며 세월 슬퍼하는데	征鴻催節歲華悲
금릉金陵에서 서로 놓친 약속 지킬 수 있다면	如得金陵相放約
우선 봉황대鳳凰臺에 올라 함께 시를 읊으리라[1]	先登鳳凰共吟詩

또 읊다
又吟

강가에 9월 들어 기러기 남으로 돌아가니	江天九月鴈南歸
집집마다 찬 다듬잇돌에 옷 다듬는 소리로다	萬戶寒砧共搗衣
돌탑에 사람들 오자 가을은 저물려 하고	石塔人來秋欲暮
서리 내린 숲에 바람 불자 낙엽 날리는데	霜林風動葉初飛
3경 밤경치를 누대에 기대어 바라보니	三更夜色憑樓見
베갯머리 시혼詩魂이라 시구 찾기 쉽지 않네	一枕詩魂覓句稀
기쁜 일 슬픈 일에 파묻혀 세상살이 하느라	憂樂中分間閱世
사람들 거의가 예전 잘못 다시 하는구나	人情太半過前非

탄식하며 읊다
歎吟

우습구나 남은 생을 이 몸 위해	自笑餘生爲此身
아등바등 분주히 세속에 물들다니	營營紛走染於塵
당시唐詩 속에는 생각 끝이 없고	唐音卷裏思無盡
『주역周易』 장구章句에는 도가 넉넉하다오	易典章中道不貧
오랜만에 기쁘게 친구를 만나니	隔濶年光所見友
찬 눈에 버들 날리는 봄 또 왔구나	雪寒眔柳又回春
반평생에 낯을 익힌 사람들 많지만	半世縱能多面識
나만을 알아주는 이 그 누구일까	獨吾知者其誰人

제야에 읊다
除夜吟

구름 걷히자 흰 달이 서로 잘 어울리고 　　　　雲開皓月共相宜
사계절은 옮겨 가며 어긋나지 않는구나 　　　　四氣推遷政不違
삼백육십 일째 오늘 밤이 가고 나면 　　　　　　三百六旬今去夜
한 해의 초하루인 내일이 밝아오겠지 　　　　　一年初日明來時
해를 맞고 보내는 일 어찌 기쁘지 않으랴 　　　迎新送舊寧非喜
한 살 더 나이 먹으니 슬퍼할 일이라네 　　　　添齒加齡有所悲
새해 맞느라² 집집마다 잠들지 못하나니 　　　守歲家家長不臥
정단淨壇에 올린 진미는 모두 앞날 기원일세 　淨壇眞味揔前期

입춘에 읊다
立春吟

지팡이 짚고 공연히 누대에 홀로 앉으니	杖屨無端獨坐樓
인정과 세태는 암담하기 그지없구나	人情世態暗悠悠
눈 속의 찬 매화는 뒤뜰에서 다투어 피고	雪裏寒梅爭後圃
빗속의 여린 버들은 앞 모래섬에서 돋는데	雨中弱柳吐前洲
저녁나절 비둘기는 높은 나무에서 울어대고	晚出鳩鳴高樹上
낮게 나는 새는 짧은 처마를 지나가네	低飛鳥過短簷頭
해가 바뀌고 다행히 봄날까지 되었기에	新年幸得兼春日
이 몸에 시름이 사라진 줄 이제야 알았다오	始覺此身頓遣愁

당률_{唐律}에서 변_邊 자를 얻고는 읊다
拈唐律得邊字吟

가까운 시골 마을 이 산기슭에 맞닿아	近村閭及此山邊
가파른 봄 비탈에 오르니 논밭 펼쳐 있다	斷崖春陂畓與田
절기 바뀌자 초목들은 함께 비를 맞고	節到羣萌同冒雨
날 밝아 오자 집마다 멀리 연기 솟는데	天明千戶遠生烟
창문 여니 뜨락에는 새들 날아다니고	開窓庭下鳥三匝
돌에 앉으니 소나무 사이로 길이 한 가닥	坐石松間路一川
새해 풍광을 어찌 다 말하겠는가	新歲風光那盡說
창문 가득한 서책은 잠 깨기에 충분하구나	滿窓書册足惺眠

봄비
春雨

인간 세상에 경오년 새해 되었는데	人間庚午歲新成
간밤 비는 지루하게 그치질 않는구나	夜雨支離尙不晴
쌓인 눈과 찬 얼음 온통 녹으려 하고	積雪寒氷渾欲解
진흙과 여린 풀 모두 잠기려 할 때	軟塵纖草摠歸平
문 앞 도처에 새소리 시끄러운데	門前百處啼禽鬧
바다 모퉁이 산마다 봄물 솟아오르네	海角千山春水生
뭇 새싹 들여다보니 뜻이 있는 듯	細察羣萌如有意
무엇을 가지고 이 심정에 보답할까	將何慰答此心情

본 고을 원님을 모시고
奉陪本倅

높은 봉우리에 올라 아래 고을 둘러보니	卽上高峯下顧州
구름 노을 눈앞에 어른거리고 성을 둘렀다	雲霞縝眼繞城頭
산사 종소리 몹시도 아껴 여러 밤 묵지만	苦愛山鍾留數夜
떠들썩한 피리 소리는 꺼려 기생집 피하시지	却嫌喧管避紅樓
동장銅章[3]은 본래 공적과 명망 있는 나그네	銅章自是功名客
병발甁鉢[4]은 청정 적멸한 무리 아님이 없네	甁鉢無非淨寂流
이번 행차 외물外物에 이끌려 왔다 하지 마오	休道今行爲物役
마음에 깊이 쌓인 게 여기에 온 이유로세	中心蘊貯此中由

밀성蜜城 사군使君을 모시고
奉陪蜜城使君

온갖 사물 제 모양대로 봄 성을 둘렀는데	流形品物繞春城
공무에서 물러난 원님께서 이곳 행차하셨네	公退使君作此行
버들개지 실을 토해 봄기운 일렁이고	輕絮吐絲陽氣動
빈 누대에 달 떠올라 밤꽃은 맑기도 하여라	虛樓上月夜華淸
역마驛馬 길[5]에서 문장으로 반생을 살아온 그대	驛路文章來半世
구름 덮인 숲에 병석甁錫[6]으로 뜬 생을 맡긴 나	雲林甁錫寄浮生
오늘 아침 만나 인사하니 참다운 결사結社이나	奉拜今朝眞結社
갑자기 마주한 자리에 시인 이름 부끄럽소	居然對席愧詩名

봄비
春雨

구름과 안개 홀연 석대石臺를 두르고	雲霧忽然繞石臺
바닷가 마을에 봄비가 하늘에서 내린다	海天春雨半空來
나무들은 푸릇푸릇 즐거움 누리는 듯	百樹靑靑應有樂
산하는 적막하고 티끌 없이 깨끗하누나	山河寂寂淨無埃
계절을 즐기기에는 시만 한 게 없고	酬節莫如詩一句
근심 녹이는 데는 술 석 잔이면 충분하지	消愁何過酒三盃
소동파가 나에 앞서 시 읊은 일 있기에	坡仙先我曾吟罷
저물녘에 따라 짓고자 하나 재주 모자라네	晚到欲題但乏才

벗을 만나 읊다
逢友人吟

사람 자취 고요한 빈산에 달 떠오를 때	山空人寂月生時
하늘에 비낀 북두성에 꿈은 깊어지려 하누나	北斗橫天夢欲依
20년 세월 지난 일이 되었기에	二十年光成往事
무심히 걷노라니 다시 만날 기약 아득하지	尋常步就渺前期
샘물이 집을 둘러 시끄러운 소리 들려올 적	泉流繞屋喧聲到
나그네의 시 얘기에 촛불 그림자 희미하여라	遊子談詩燭影微
고고한 밤 모임 진실로 다시 만나기 어려워	孤高夜會誠難再
가아伽倻를 만류하여 돌아가지 말라 재촉한다오	且挽伽倻催莫歸

여러 날 술이 없고 또 문밖을 나서지 못해 이 시를 장난삼아 짓다
累日無酒亦不出門戱作此詩

여러 날 적적한 게 가장 어려운 일	累日寂居最一難
더구나 여러 벗들 만나지 못함에랴	況乎諸益不相看
온갖 풀 갓 돋아 봄도 아직 이른데	百草初生春亦早
만민은 동포라 세상 모두 편안하네	萬民同飽世皆安
술은 지난해의 흥 일으킬 만하지만	有酒宜開前歲興
시 아니면 이 마음 기뻐할 일 없지	非詩無慰此心歡
천지간의 사람 일 깊이 생각해 보니	深思天地間人事
빈궁貧窮과 영달榮達이 함께 찾아오누나	都是窮達來兩端

병풍 그림을 읊다
吟畵屛

봄빛 든 두서너 가지에 매화꽃 피어나고　　　　數枝春色見梅花
헤엄치는 한 마리 물고기 흰 모래인 듯　　　　　一尾游魚疑白沙
국화 향기 불어오니 벌은 꿀을 빨려 하고　　　　有菊香來蜂欲觜
비바람 고요한데 대나무는 어찌 기울었나　　　　不風雨處竹何斜
절묘하게 글 지은 것은 선비들의 붓이요　　　　　絶妙宜題多士筆
고운 단장으로 온전히 그린 이는 그림쟁이라네　巧粧全出畵翁家
포도는 나무에서 드리워져 파초에 닿았는데　　　葡萄垂樹及蕉葉
우거진 숲도 그려 내니 몹시도 아름답구나　　　　又作叢林別爲佳

육률陸律[7]을 읽다가 한거자술閒居自述의 운에 따라 짓다
讀陸律拈閒居自述顔[1)]

부질없는 명성 꿈 같아 참되지 못하기에	浮名如夢不成眞
고요한 방에 한가히 있는 건 단지 이 몸뿐	靜室閒居只此身
대나무에 부는 바람 소리는 와글와글 웃음소리	吹竹風聲喧笑語
문에 가득한 봄기운은 의관에 스며 들어오누나	滿門春氣襲衣巾
고목의 메마른 가지에 쪼아대는 두 마리 새	古木枯枝雙啄鳥
높은 누대에는 종일토록 시 읊는 사람 하나	高樓終日獨吟人
지금에 세상맛 잊은 이 없다고 하지 마오	莫道今無忘世味
책상에 쌓인 새로 지은 시구가 가난치 않으니	積床新句未爲貧

---

1) ㉠ '顔'은 '韻'의 오자인 듯하다.

우연히 한거시閑居詩를 짓고 다음날 웃으면서 읽고는 따로 한 수를 읊다
偶作閑居詩明日笑而讀之別賦一首

어제까지만 해도 어린아이였는데	於焉昨日在兒童[1]
이제는 꽃다운 나이 서른 살 되었구나	正値芳年三十時
잔설에 버들가지는 온통 버드나무 흔들고	殘雪輕絲全拂柳
봄볕에 여린 풀은 따뜻한 울타리에서 돋는다	陽春細草暖生籬
웅덩이 채우고 가는 물은 농사일 재촉하고	盈科逝水催人事
꼼짝 않는 청산은 성품의 기틀 세우누나	不動靑山立性機
만 길 되는 문 앞의 한 그루 고목나무	萬丈門前一古木
바람에 날리고 비에 젖어 높이 하늘에 닿았다	風飄雨濕接天巍

---

1) 역 '童'은 '東' 부의 운이고, 나머지는 '支' 부의 운이라서 운이 맞지 않는다.

광운 화상을 모시고
奉陪廣雲和尙

비 내린 터라 보이는 경치 더욱 맑아	雨餘物色倍初晴
지는 버들개지와 핀 꽃은 모두 나그네 마음	落絮開花摠旅情
굽은 난간은 연하烟霞에 흠뻑 무젖고	曲欄洽受烟霞濕
뜨락에는 풀과 나무 새록새록 자란다오	別苑新看草樹生
약사藥社에서 부평처럼 만난 지 오래인데	藥社萍逢多歲月
운암雲庵에서 갑작스런 이별에 소식 막혔던 터	雲庵雷別阻音聲
천 리 남쪽으로 올 줄 어찌 알았으리	安知千里南來錫
도란도란 애기할 적 온 좌중이 평화롭다	談笑從容一座平

흥을 달래며
遣興

시로 맺어 노니는 곳은 언제나 좋아	緣詩遊處每時良
산중 해 점차 맑아지며 작은 창 비춘다	山日轉晴照小窓
봄이 오니 그윽한 흥 바다처럼 깊어지고	春來幽興深如海
씻어 내니 속진 마음 강물처럼 맑아 오네	洗去塵心淡似江
나를 평생 따르기로는 오직 너뿐이고	隨我百年猶有一
남들과 반평생 짝 삼기로도 너 외에 없구나	與人半世更無雙
물리쳐도 떠나지 않으니 서로 찾는 듯	推排不去如相覓
아이 불러 술 한 단지 사오게 해야지	强致稚童欲買缸

왕 선비에게 주다
贈王雅士

언제나 일이 없어 숲 곁으로 다니니	常時無事傍林行
소나무 언덕 대나무 계곡에 작은 길 났다	松塢竹溪一小程
금정산은 푸르게 북쪽에 우뚝하게 솟았고	金井山青依北屹
용호龍湖 물은 흰빛으로 동쪽 향해 펼쳐졌는데	龍湖水白向東平
달 밝은 깊은 밤에 온통 꿈속에 생각하니	半夜月明通憶夢
꽃 날리는 어딘들 봄이 든 성城이 아니리오	飛花何處不春城
그대의 시 읽고는 우두커니 앉아 있으니	吟君詩罷居然坐
건너 숲에서 꾀꼬리만 하루 종일 우는구나	隔樹黃鶯盡日鳴

또
又

대지팡이에 짚신 신고 저물녘에 길을 나서니	竹錫草鞋晩作行
꽃 지고 풀 향기로운데 길은 흰 구름에 덮였네	落花芳草白雲程
어느 날에야 영주瀛洲에 사는 서씨를 방문할까[8]	瀛洲何日過徐氏
창해에서 상심하며 굴원屈原을 애도하노라	滄海傷心弔屈平
당신과 헤어진 뒤로 기뻐할 자리 없더니만	自別令君無喜地
새로 지은 시 보고 가슴 가득한 시름 그쳤지	得看新句罷愁城
선비인 당신 참으로 솜씨 좋아 진취함 있는 듯	士子眞工猶有進
이후로는 문장으로 이름 떨치는 걸 듣고 싶소	願聞從後以文鳴

동정추월[9]
洞庭秋月

동정호의 가을빛 저 멀리 아른거리는데	洞庭秋色遠浮浮
밤새 뱃전에서 얘기 나누노니 나루터에 닿았네	夜語孤舟卽渡頭
찬 하늘에 해오라기는 무심히 날아가고	寒天白鷺無心去
단풍잎 갈대꽃에 놀기 싫증나지 않는데	楓葉蘆花不厭遊
그 얼마나 시인들은 고향 그리워했던가	幾百騷人懷故國
가을 달밤 이 누대에 올라 감회에 젖는다오	三秋月夜感斯樓
만고에 진秦과 오吳[10]의 끝없는 풍경	萬古秦吳無限景
서풍에 부치나 아득하여 거두기 어렵구나	西風付在杳難收

평사낙안
平沙落鴈

사람 놀라게 하는 계절 경치 절로 때 있나니	節物驚人自有時
물가에 난초 피고 가을 국화는 울타리 둘렀다	汀蘭秋菊繞藩籬
제비는 기운 해 머금고 동쪽으로 일찍 돌아가고	燕含斜日東歸早
백로는 맑은 모래에 섰다가 북쪽으로 더디 날아간다	鷺立晴沙北去遲
떴다 잠겼다 하는 구름 그림자 하늘가에 멀어지고	浮沈雲影天邊遠
끊일 듯 이어지는 기러기 울음 바라보니 슬퍼지네	斷續鴻聲望裏悲
강가에 펼쳐진 밭 천 리 길에는 갈대꽃 흰데	江田千里蒹葭白
아득하고 아득한 고향 소식 기약하기 어렵구나	渺渺鄉音可難期

소상야우
瀟湘夜雨

큰 강은 천 리요 땅의 형세도 넓어	大江千里地形寬
끝없는 거센 바람에 파도 절로 이네	無限狂風波自瀾
때 늦은 꽃 편편히 절벽에서 날리고	晚花片片相零岸
쓸쓸한 밤비 관冠에 부슬부슬 내리는데	夜雨蕭蕭細滴冠
묻거니 길 가는 사람 시름하는 꿈에	爲問行人愁裏夢
바다 나그네여 물속 차가움 어떠한가	何如海客水中寒
만일 내일 아침 떠나는 길이 맑다면	若得明旦天晴路
이 몸 가는 곳마다 절로 한가하리라	一身寄處自由閑

산시청람
山市晴嵐

층층 두른 괴이한 돌 절로 대臺를 이루어	層巒怪石自成臺
그 가운데 외딴 마을 한 고을로 열렸네	中有孤村一市開
봄날 소낙비에는 바삐 걸음 재촉하고	春天驟雨忙忙步
맑게 갠 날 햇살 아래 느릿느릿 걷지	晴日浮陽緩緩來
저녁노을은 물을 따라 산허리를 내려가고	晚霞隨水山腰下
어미 제비는 진흙 물고 담장을 빙빙 도니	乳鷰含泥屋墻廻
온갖 사물 북돋는데 새로운 기운 많아	栽培萬物多新氣
각기 제 뜻 얻어 마침내 재질才質 기른다오	各得其情遂養才

연사모종
烟寺暮鍾

절은 흰 구름에 자리해 예부터 티끌 끊었는데	寺在白雲故絶塵
웅크린 돌 저절로 천진한 모습에랴	況乎蹲石自天眞
끝없는 물가 달빛에 나그네는 신선 되고	無端汀月登仙客
아담한 산골 마을에 저물녘 사람 찾네	有限山村訪暮人
강가 뱃노래는 함께 곡조 이루고	江上艫歌同爲調
안개 저편 종소리는 이웃 마을에 퍼지는데	烟邊鍾韻獨離鄰
돌아갈 길 끝나 가지만 남은 해 길어	歸程欲盡長餘景
햇빛에 비친 물빛만 유달리 새롭구나	日色水光別一新

강천모설
江天暮雪

푸른 강물에 날 저물자 눈 펄펄 날리는데	蒼江暮日雪多多
나무마다 배꽃 핀 듯 가지가지 붙었구나	萬樹梨花同着柯
낙엽 진 찬 하늘에 기러기 울음 시름겹고	落木寒天愁鴈叫
한 해 끝에서 어부는 배따라기 부르는데	歲窮漁客發行歌
동서남북 사방 길에 사람 자취 끊어지고	南北東西人絶路
삼삼오오 짝을 지어 백로는 둑에서 쉬고 있네	二三四五鷺停坡
부평초 같은 나그네 마음 돌아갈 수 없는데	萍水旅情歸不得
밤마다 고향 꿈꾸니 이 무슨 마음이뇨	來宵鄕夢此何心

어촌낙조
漁村落照

찬란한 그 빛은 푸른 하늘 머금었는데	赫赫其光含碧空
꾀꼬리 제비 소리 먼 마을에서 들려온다	鶯聲燕語遠村中
봄날을 보내자마자 보슬비 지나더니	纔送春天微雨過
어촌 마을 바라보니 저녁노을 붉어라	即看漁店夕陽紅
이 해는 함지咸池의 물에 목욕하고[11]	是烏宜浴咸池水
새벽엔 약목若木의 바람에 소요하리라[12]	來曉逍遙若木風
황혼녘에 옛 시절 길을 찾고자 하니	黃昏欲訪前時路
가까이 있는 마을 집들 반이나마 알겠노라	近在人家半戶通

원포귀범
遠浦歸帆

그림 속 세계라 바다는 영원히 맑기만 한데	畫界千秋大海晴
나루터의 시골 주막에서는 떠들썩한 소리뿐	津頭野店但喧聲
바람이 돛배를 보내나 오시吳市는 아득하고	風送輕帆吳市遠
구름이 강에 닿았으나 초산楚山은 가뭇없네	雲連江水楚山平
맑은 하늘 돌아가는 백로는 구름같이 희고	晴天歸鷺雲同白
험한 골짜기 서리 바람은 꽃과 함께 밝구나	急峽霜風花與明
두둥실 떠나가는 상인들에게 소식 부치지만	寄言泛泛諸商子
어느 곳에서 배를 대고는 이름을 물으려나	何處繫船欲問名

이른 봄에 지은 즉흥시
早春卽事

비 온 뒤에 마른 계곡 작은 못 이루었는데	雨後涸溪成小潭
다시 보니 봄눈이 동남쪽에서 불어오누나	又看春雪自東南
산의 얕은 개울물 소리 아래 마을에 들리고	山淺溪聲聞下里
누대樓臺의 빈 경쇠 소리 이웃 암자로 건너가는데	樓虛磬韻度鄰庵
아름다운 시 저물도록 맛보는 건 오직 오늘이요	詩葩晚嚼惟今日
좋은 술인들 어찌 예전의 두서너 잔 넘기겠는가	酒好何多昔再三
글과 먹은 나에게 오랜 벗 되었기에	文墨於吾長爲益
이 밖에 청아한 이야기 있는 줄 모른다오	不知此外有淸談

배움을 포기하고 생업으로 돌아가는 원元 상인上人에게 주다
贈元上人廢學歸産

애초에 그대는 글 배우려 마음먹었는데	初爾中心欲學書
어찌 용혈龍穴을 찾아 낚싯밥으로 되돌아가느뇨	何探龍穴返餌魚
세속 재물은 애써 얻는 게 있더라도	努力塵財縱有得
등불 켜고 옥 다듬으면 본래 남는 게 없다네	焦燈攻玉本無餘
신선 되어 떠난 소동파는 옛 도를 따랐지만	仙去蘇公從古道
떠들썩한 금곡원金谷園은 지금 폐허 되었도다[13]	聒云金谷至今虛
비유컨대 흙을 퍼서 아홉 길 산 만드는 일에	比如取土爲九仞
한 삼태기 부족하건만 물러서고 마는구나	功乏一筐退步居

아이에게 삭발을 권함
勸兒削髮

예전 허물 참회하여 없애기 위해 팔을 태우고　　懺除前愆臂燃燒
부처님께 투신한 첫 맹세를 지금 기치로 세워라　　投佛初盟今立標
치렁치렁한 머리에 푸른 옷 입은 동자는 오늘뿐　　艶髮靑童惟此日
내일 아침에는 머리 깎고 물들인 옷을 입으리라　　異形緇服在明朝
세상 살면서 재물 구하면 늘 쉽게 사라지지만　　處世求財長易沒
출가하여 선善 사모하면 진실로 없어지지 않으리　　出家慕善實難肖
부모와 형제 그리워 찾아볼 생각은 하지 말라　　莫想歸寧兄與弟
열반의 저 언덕은 오르기에 아득하고 아득하다　　涅槃彼岸上迢迢

또
又

무명초는 무성하여 불도 태우기 어려운데	無明草茂火難燒
원각산圓覺山 앞에 나무 한 그루 드높이 솟았다	圓覺山前一樹標
하늘과 땅이 나뉘지 않은 날에 꽃을 피우고	開花天地未分日
봄가을 비 내리지 않는 때에 열매 맺으리라	結果春秋不雨朝
빛깔은 청백이 아니니 무엇으로 비유하며	色非靑白將何比
높이는 천 길이 넘으니 세상에 닮은 게 없구나	高過千尋世絶肖
너는 이제 갓 들어온 새 동자이니	余今初入新童子
시간과 고난 초월하여 높은 가지 꺾고자 하라	無刧無難欲折沼

벼루
硯

저절로 생긴 네모난 못에 검은 구름 이는데 　　自作方塘生黑雲
붓 꽃이 한번 피자 향기가 진동하네 　　筆花一發動香薰
다른 산의 납작 돌은 옥 다듬을 만하니 　　片石他山宜琢玉
황성皇城에서 어느 날 군주에 봉해지리오 　　皇城何日獲封君
만일 송宋나라 자서子西의 손길 만난다면[14] 　　若逢宋國子西手
집안의 소장품 되어 천년을 전하리라 　　應入家藏千載云
몸체는 가볍지 않아 길고도 조용한데 　　爲體非輕長且靜
자손 대대로 전해져 기쁨 이룰 만하구나 　　壽之以歲可成欣

나그네를 만나 주다
逢客相贈

먼 나그네 여행하느라 개울을 몇이나 건넜는가	遠客遊方度幾溪
북쪽에 다니던 행색이 다시 동서로 가는구나	北沈行色復東西
추운 봄날에 내리는 눈은 누대 가에 쌓여 가고	日寒春雪樓邊積
외진 골짜기 물소리는 계단 아래로 잦아든다	洞僻水聲階下低
사귐이 멀어지면 남이니 나니 분별도 하지만	交踈物我雖分別
도道만 맞으면 하늘과 땅이 모두 가지런해지지	道契霄壤摠入齊
만난 지 반나절 말도 제대로 나누지 못했는데	相逢半日言未足
창 밖의 새 한 마리는 누굴 향해 우는 겐가	窓前獨鳥向誰啼

또
又

봄 온 성곽에 어제는 실비가 내리더니　　　　春城昨日雨如絲
시절 사물 싹 트는 데 각기 때가 있구나　　　　節物初芽各有期
찬 눈기운은 한가히 앉은 자리에 스미고　　　　雪氣冷侵閒坐處
근처 새소리는 홀로 읊을 때 화답하네　　　　鳥聲近和獨吟時
이 밤 노니는 심정 등불 앞에서 즐겁지만　　　　遊情此夜燈前樂
나그네 돌아가는 여정 꿈속에서 슬프다오　　　　客子歸程夢裡悲
까치가 오늘 아침 초가지붕에서 울더니　　　　鵲噪今晨茅屋上
시 친구 제때에 이르러 어김이 없구려　　　　詩朋適到政無違

또
又

눈 내린 뒤에 산 희어 한 해가 청신한데	雪餘山白歲新淸
골짜기 외져 흐르는 물에 마음 놀라네	洞僻水流心欲驚
따신 옷에 봄꿈 꾸는 건 하늘로 인해 얻고	暖衿春夢因霄得
어지러운 계곡 솔바람 소리는 문에서 우는데	亂壑松飇入戶鳴
젊을 적에 술잔 앞의 시구 다하지 못했기에	早年不盡樽前句
뜬세상에는 서로 만나는 정만 한 게 없구나	浮世無如逢處情
이곳에는 술잔 기울일 정취는 없으나	此地雖無傾酌趣
한바탕 웃고 말하면 기득한 근심 그친다오	一場言笑罷愁城

붓
筆

자획에 미친 마음 잡아도 기울지 않는데	字畫狂心執不斜
청련靑蓮15은 어느 시대에 꽃 피웠던가	靑蓮何代敢生花
몇 번이나 모영毛穎16 족속에 성명 실었나	幾番載姓毛穎族
반평생 글 쓰는 일로 이름을 남겼도다	一半遺名翰墨家
관직이 중서령中書令에 있으면 부귀하다 하고	官在中書云富貴
몸이 관읍管邑으로 돌아가면 영화가 적지	身歸管邑少榮華
노년에 도장 끈 풀고 전원으로 돌아가니	暮年解印田里歸
집에 편히 누워 온몸에 깁 두를 만하구나	退臥渾身衣可紗

보름날 달구경
十五夜玩月

바닷가에 밝은 달 늦지도 않게 떠오르니	海天明月上無遲
지난해 본 모습인 줄 의심하지 않는다	去見年相正不疑
맑은 빛은 높은 산꼭대기 먼저 비추고	淸光先照山高地
하얀 넋은 해 질 때가 더욱 좋지	素魄偏宜日暮時
보름달에 졸고 있는 토끼는 절구질 잊고	滿輪睡兔長忘杵
계수 그늘에 노는 항아는 시 읊을 만하다네	桂影遊娥堪詠詩
섬궁蟾宮의 절경은 세속 허물 녹일 만하기에[17]	蟾宮絕勝銷塵累
이 밤 미음속에 사사로움 멀어지누나	此夜中心遠我私

종이
紙

회계會稽에 나는 천년 풀이 뜰 안에 가득한데	會稽千年草滿庭
그대들은 그중 빼어나 아름다운 명성 띠었구나	諸生拔出帶佳聲
흙 속에 있을 때에는 몸이 중후하더니만	曾在土中身厚重
지금은 사람들의 손에서 성품이 가볍다오	今來人手性浮輕
때로는 나에게 현홀玄笏[18]을 직접 내리고	有時從我親玄笏
여가에는 벗 그리워 관성管城[19]에 이른다네	暇日懷朋到管城
만일 시인들이 네 덕을 많이 입는다면	若使騷賓賴汝過
이 세상에 평생 등지는 일은 없으리라	應無此世負生平

먹
墨

검은 재질은 더욱 광채를 발하지만	雖然黑質倍生輝
종이에 그려진 안개와 노을은 날려고 하지	落地烟霞欲作飛
처음 문인을 만나 귀함 알았지만	初遇文人方識貴
유독 무사에게는 쓰일 때가 드물다오	偏於武士用時稀
붓 씻는 데는 유황주硫黃酒만 한 게 없고[20]	洗毫莫若硫黃酒
너 담는 데는 표범 가죽이 제일이지	藏汝無過豹皮衣
천년 묵은 자취 형체는 어디로 가는가	千年陳跡形奚去
문방사우에 결탁하고 의지한다네	四友之中結托依

신년에 취서 산인을 만나 읊다
新年逢鷲捿山人吟

새해 아름다운 절기에 춘관春官을 모시고	新年佳節奉春官
시가첩詩歌帖 지어 드리노라 해가 저물려 하네	呈帖詩歌日欲闌
동쪽 산은 맑은 기운에 매화 다투어 피고	東山淑氣梅爭發
북쪽 성곽은 찬 빛에 눈 아직 남아 있는데	北郭冷光雪亦殘
내 한가한 마음 거두어 길게 시축詩軸을 쓰고	收我閑情長寫軸
그대 시름 안색 풀고자 술을 잔에 따르노라	解君愁色酒傾盤
우연히 만나 어느덧 말하고 웃은 지 오래	偶會居然言笑久
창밖에 날씨가 여전히 추운 줄도 모른다네	不知窓外畫猶寒

연적
硯滴

속 빈 한 물건에다 그윽한 곳 만드니	中虛一物作幽捿
물 토하는 게 적지만 계곡물 못지않네	吐水雖微不讓溪
감귤 모양을 닮았지만 몸은 또한 검고	彷彿橘形身亦黑
게딱지인 듯 입은 어찌 밑에 달렸는가	依稀蟹甲口何低
한 사람이 늘 아껴도 싫어하지 않는데	無厭一人長獨愛
네 친구 함께 손잡는 걸 거리끼겠는가	況嫌四友共相攜
본래 옹기 굽는 노인 손에서 나왔지만	本以陶家翁手出
다정하게 나를 따라 시 제목에 들었구나	多情隨我入詩題

입춘 지나 열흘이 넘도록 춥지 않은 날이 없던 차에 우연히 장구長句를 얻다

立春後經旬無日不寒偶得長句

입춘에 봄 지나도 추위 물러가지 않아	春立經春寒不歸
작은 누대에서 말없이 산 빛을 마주한다	小樓無語對山輝
높은 나무에 부는 바람 귓가에 몰아치고	高樹風來颳到耳
근처 봉우리 쌓인 눈에 찬 기운 스미는데	近峯雪積冷侵衣
굽이굽이 돌아가는 길은 험한 곳 많기에	九廻腸路多崎嶇
여러 편 시정詩情이 슬며시 들어오누나	數首詩情入細微
사람 재촉하는 제철 풍경 모두 이 같은데	催人節物皆如此
재잘대는 어린 새들 날갯짓 배우려 하네	巧舌乳禽欲學飛

염주
念珠

백여덟 개의 둥그런 구슬을 실에다 꿰어	百八團珠貫以絲
손에서 묵묵히 세며 찌푸린 시름 보내네	手中默計送愁眉
몇 번이나 세어도 언제나 싫증 나지 않아	乃至幾廻長不厭
천 번보다 많아도 역시 사양하지 않는다오	多於千遍亦無辭
제불諸佛께서 원통圓通[21]에 가신 줄 일찍 알았다면	早知諸佛圓通去
내 만남이 늦은 줄 비로소 깨달았을 텐데	始覺惟吾相遇遲
만고에 승가僧家의 도 깃들인 물건이라 하나	萬古僧家云道物
어느 때에 마음 밝혀 거침없이 깨달을까	明心徹悟在何時

부채
扇子

마음대로 접었다 펴고 높고 낮게도 흔드니	捲舒在意拂高低
세상에서 많은 이들 들고 다니는 까닭일세	所以世多手中携
맑은 바람 바로 쐬면 벗이 찾아온 듯하고	淸風正遇故人到
무더위에는 먼저 혹리酷吏[22]의 미혹 없애지	盛暑先除酷吏迷
나에게 미물이 어찌해 따뜻한 온기 내리오	與吾微物何生暖
계절을 따라 본마음에서 싸늘함만 나오네	隨節本心但出凄
찌는 듯한 여름은 늙은이에게 맞지 않기에	不啻炎天宜老子
사랑하고 아끼는 마음 아이보다 배나 되네	愛惜之情倍童兒

검
鈆

풍성豊城[23]에 묻혀 두우성斗牛星에 광명 뿜어대니	埋在豊城射斗光
구야歐冶[24]가 솜씨 좋게 만들어 서릿발 띠었다	歐冶巧成帶雪霜
형가荊軻를 깜짝 놀라게 하여 진나라로 떠나는데	一驚荊軻秦朝去
연나라 경계 지날 때에 역수易水는 유장하였지	曾過燕程易水長
작은 재주는 자신 가련히 여겨 묶인 밧줄 끊지만	小能憐我橫繩斷
큰 성과는 나라 위해서 큰 도적을 감당한다오	大果爲邦鯨賊當
또한 군자가 몸 방어하는 보배라 말하니	又云君子防身寶
매서워라 그 꽃이여 이보다 강한 게 없구나	烈烈其華莫此强

베개
枕

사람의 마음 따르는 것 이만 한 게 없어 　　順去人情此莫如
유유히 나와 함께 여러 해 살았다네 　　　悠然共我數年居
맑은 밤에는 한가로이 꿈꾸기에 좋지만 　　只合淸宵閒結夢
한낮에 글을 토론하기에는 마땅치 않지 　　不宜白日細論書
잠잘 땐 머리 괴어 아름다운 듯 여기고 　　睡處支頭疑有美
깨어선 상 위에 쌓아 소원한 듯 여긴다오 　　醒來積案若爲踈
텅 빈 산에 달 밝은 한밤중 잠자리에서 　　山空明月三更席
세상 근심 끝없는데 네 덕분에 없애노라 　　世慮無窮賴爾除

승립
僧笠

바깥 모양 일부러 꾸몄으나 속은 비었는데	徒餙外形內實空
교묘히 주름진 무늬 손끝에서 자아냈다	綺紋織出手端中
길 갈 때에는 얼굴 가리기에 마땅하지만	初宜行路纔遮面
머리에 쓰고 오래 활쏘기에는 거치적거리지	偏碍着頭長射弓
평생 노년 마치도록 산에만 사는 승려	生平終老居山釋
갓 그림자는 낚시하는 노인과 무슨 관계 있으랴	笠影何關垂釣翁
그렇다고 하지만 여전히 남은 한이 있어	雖然如是猶餘恨
비 내리치고 바람 불면 원망이 끝없구나	雨打風吹怨不窮

첨沾 상인과 이별하며 주다
贈別沾上人

2월 봄바람에 가랑비 내리는데	二月東風細雨垂
문 앞에서 이별하니 내 마음 슬퍼진다	門前送別此心悲
푸른 산 갈림길의 높고 낮은 나무들	靑山岐路高低樹
노란 국화 필 때 조만간 다시 만나세	黃菊再逢早晚時
계절은 석 달 봄이 반이나 지난 줄 알기에	自知節物三春半
떠나는 정은 지팡이 더딘 게 못내 아쉽지	最惜行情一杖遲
돌아가는 길 만류하려 하나 그대 머물지 못하니	歸袖欲留君不住
덧없는 세상에 우리의 탄식만 더해지누나	浮世吾人歎益其

점심에 우연히 읊다
午飯偶吟

산 앞이나 뒤나 계절 사물 화려한데	山後山前節物華
뜰에 가득 기이한 풀은 꽃보다 아름답다	滿庭奇草勝於花
작설차 향기를 늘 삶의 계책으로 삼고	鵲舌茶香長活計
고사리순 나물 맛도 평생에 함께하리	蕨芽菜味亦生涯
바닷가 맑은 기운 봄이 되자 보이고	海天淑氣當春見
금정산金井山 뜬 빛은 반나절 만에 기우는구나	金井浮光半日斜
천성天性대로 홀로 앉아 공연히 시 읊으니	成眞獨坐空吟句
우거진 대울타리에 까마귀들 울어댄다	蘺竹依依羣噪鴉

소나무를 심다
種松

몸소 어린 소나무 심으니 하늘 맑은데	手種稚松天氣淸
건너 숲에는 새 우는 소리만 들려온다	但聞隔樹鳥啼聲
도중에 나무꾼이 자를까 염려되지만	只恐中間樵輩折
평소 시골 사람 다니는 걸 어찌 막으랴	那禁平日野人行
지조와 절개 일반 초목과 몹시도 달라	志節絕殊凡草木
봄 가득한 성안에서 재배하기에 알맞지	栽培宜在仲春城
유생에게 말을 붙여도 꼼짝도 안 하기에	寄語騶生無復動
성곽 도는 유풍遺風 내가 지금 맞이한다오[25]	郭馳遺法我今迎

의상대[26]에서 아침 해를 읊다
義想臺朝日吟

바닷가에 덮인 밤빛이 동쪽에서 밝아오니	海天夜色啓明東
황금 동이 들어 올리는 듯 햇살 붉어라	擎出金盆日脚紅
온갖 계곡물 차서 저무는 한 해에 놀라고	百谷水寒驚歲暮
숲마다 나뭇잎 떨어져 텅 빈 산을 바라보네	千林葉盡見山空
준오踆烏는 부상扶桑의 그림자에서 깃을 떨치고[27]	踆烏拂羽扶桑影
직오織烏는 약목若木의 떨기 위에 날아오르겠지[28]	織烏鼓翔若木叢
솔 푸르고 누대 높은데 사람은 어디 갔나	松青臺屹人何去
말없이 고개 돌려 상심에 젖노라	廻首傷心不語中

계봉의 밝은 달
鷄峯明月

천남사 북쪽 한 봉우리 우뚝 솟았는데	天南寺北屹一峰
천년이나 주인 없이 흰 구름에 덮였네	千年無主白雲封
가을 잎 새로 비질한 땅에 굴러다니고	秋葉轉飛新掃地
바람 소리 늙은 솔가지에 요란히 우네	風琴亂響老枝松
바다 위에 오늘밤 달이 밝게 떠오르자	海上來明今夜月
정적 속에 인근 산사 종소리 들리는데	靜中聽送近山鍾
닭 우는 소리는 그쳐 옛일이 되었지만	金鷄啼罷成陳跡
학[29]만 남아서 언제나 나를 따라다니네	惟有仙禽常我從

연사의 저녁 종소리
蓮社暮鍾

명산에 구름 드리우지 않은 곳 없어	名山無處不雲垂
비 맞은 대 바람 스치는 솔에 한 해가 저문다	雨竹風松歲色追
뜨락에 국화 지는 것도 견디지 못하는데	不堪庭下寒花盡
창 앞에 낙엽 지는 슬픔을 견딜 수 있으랴	況復窓前落木悲
밝은 달 뜬 외로운 마을에 닭 우는 밤	孤村明月鷄鳴夜
조용한 산사 종소리에 날이 저물어 갈 적	蕭寺鍾聲日暮時
그건 그렇지만 황혼녘 꿈에서 놀라 깨니	雖然驚罷黃昏夢
이 공문空門에 의지했건만 마음 다잡지 못했구나	賴此空門未寂之

성암의 폭포
聖庵飛瀑

다른 세계 이루기에 형세에 미약함 없어	別爲一局勢無微
아래 굽어보니 은빛 구슬 흩어져 날리네	俯瞰銀玲散作飛
적막한 속 차가운 소리 석벽에 부딪치고	靜裡寒聲來石壁
빗속의 우렛소리 암자 사립문 흔드는데	雨中雷吼動庵扉
날마다 무슨 일 때문에 늘 노여워하는가	日日緣何常作怒
어느 때고 말이 없지만 위엄 크게 이루네	時時不語大成威
여산廬山의 높은 폭포 지금에는 없다 하지만	廬山高瀑云今否
장대같이 우뚝 서서 돌아갈 줄 모른다오	竚立長竿頓忘歸

고당高堂의 낙조
高堂落照

솔잎차[30] 한 사발에 생선 곁들여 맛보고는	松茶一鉢味兼魚
누워 졸고 거닐며 읊조리니 세상 걱정 비었다	臥睡行吟世念虛
인간 세상에는 푸른 산보다 조용한 곳 없고	人間靜莫靑山過
하늘과 땅 사이에는 태양보다 밝은 것 없지	天地明無白日如
서리 맞은 만물 빛에 가을은 멀리 떠나갔지만	霜頭物色秋長去
눈 속에 핀 매화에는 봄이 오히려 넉넉하다네	雪裡梅情春又餘
머리 돌려 기우는 해 바라보니 이곳이 어디뇨	回首斜輝何處是
서암西庵 선백禪伯에게 나그네 그제야 찾아왔다오	西庵禪伯客來初

두령斗嶺에 돌아가는 구름
斗嶺歸雲

하늘이 신묘한 솜씨 부려 높은 고개 만드니	天作神工一嶺高
늙은 소나무와 우는 새가 날마다 함께하네	老松啼鳥日相俱
명산은 늘 자장子長[31]의 역사서 싣고 있으니	名山常載子長史
인간 세상에 누가 종소宗少[32]의 그림 말하리오	人世誰云宗少圖
구름은 어둑히 비 머금어 펴졌다 걷혔다 하고	雲陰含雨從舒捲
나무 그림자 바람결에 나타났다 사라졌다 하는데	樹影隨風光有無
이곳 버리고 어디로 가려는지 알 수 없구나	不知捨此歸何處
바다 넓고 강 맑으니 상상컨대 꼭 부상扶桑인가	海濶江淸想必扶

미륵층암
彌勒層岩

위로 푸른 하늘에 견주어도 낮지 않아	上與靑空更不低
전신 미륵이라 함 과연 미혹한 말 아니구나	全身彌勒果非迷
흰 구름만 와서 두르고 감싸니	只有白雲來擁護
다른 물건 의지하거나 깃드는 것 없다	更無他物敢依捿
각수覺樹에 봄바람 저녁나절에 불어오고	覺樹春風當晚岊
하늘 등불인 밝은 달 앞 시내 비추는데	天燈明月照前溪
속된 마음 잠시 놓고 우러러 예배하니	暫放塵心瞻禮拜
돌아갈 길 까맣게 잊어 해는 벌써 기울었다	頓忘歸路日已西

원님을 만나 읊다
逢倅吟

봄이 오니 맑은 기운에 해 비로소 밝은데	春來淑氣日初淸
원님께서 올라 임하니 길이 차츰 평평해지네	車客登臨路轉平
누대 비어 천년의 물이 길이 감돌고	樓虛長繞千年水
밤 고요하여 만뢰萬籟의 소리 들리는데	夜靜猶聞萬籟聲
산 사랑한 지도支道³³는 지금 세상에 없지만	愛山支道無今世
시 즐기는 해낭奚囊³⁴은 이번 행차에 있구나	耽句奚讓¹⁾有此行
우리 금어金魚를 돌아보니 운수雲樹의 맛이니³⁵	顧我金魚雲樹味
한가하게 누구와 함께 남은 생을 보낼거나	等閑誰與過餘生

---

1) ㉭ '讓'은 '囊'의 오자인 듯하다.

또
又

발걸음 석계石溪에 다달아 둘러보니	行盡石溪過眼初
물은 맑고 얼음은 녹아 노니는 물고기 보이네	水淸氷解見游魚
지금 자리에서 배알하여 백부白傅[36]를 맞이하니	拜謁今筵迎白傅
노니는 어느 곳인들 광려산匡廬山이 아니리오[37]	從遊何處不匡廬
고요히 외딴 암자에 묵으니 신선의 연분 있고	靜宿孤庵仙分在
잠시 민정民政을 잊으니 속세의 어지러움 사라지네	暫忘民政世紛除
세상 밖에서 소요하여 한가로움 절로 넉넉한데	物外逍遙閑自足
때로 산승과 더불어 옛글에 대해 말씀하신다네	時與山僧話古書

又
又

흰 구름 깊은 곳 오래된 암자 걸렸는데	白雲深處古庵懸
그 가운데 샘물 솟아 맛이 상쾌하구나	中有甘泉味爽然
이끼 낀 바위에 소전체小篆體 희미하고	苔岩小篆微成字
산마루 외로운 소나무는 나이 알 수 없는데	絶頂孤松不記年
강석講席에 야윈 스님은 후겁後刼을 꾀하지만	講席癯僧營後刼
그림 속 용과 부처님들 선천先天을 꿈꾸지	畵龍諸佛夢先天
우연히 속세의 청유객淸遊客을 맞이하여	偶迎方外淸遊客
선방에 묵게 하고 깨끗한 인연 맺는다오	奉宿禪房結淨緣

우연히 읊다
偶吟

하늘 맑고 바람 온화해 화창한 기운 많기에   天淨風和淑氣多
못가 거닐며 읊조리고 깨끗한 모래 밟는다네   行吟澤畔踏淸沙
새들은 봄날 노래하며 좋은 절기에 보답하고   鳥鳴春日酬佳節
바람은 매화 향기 보내어 노래 속에 들어오네   風送梅香入賦歌
얼음 풀린 아득한 포구에 물고기 뛰어오르고   解氷極浦魚新躍
버들 푸른 외딴 모래섬에 물결 절로 이는구나   綠柳孤洲水自波
이러한 때 놀며 구경하는 일은 셀 수 없기에   此時遊賞還無算
자리 함께한 시선詩仙에게 어떤지 묻는다네   座上詩仙問若何

문文 선비가 귀녕歸寧 가는 것을 전송하며
送文雅士歸寧

이번 걸음 누가 예법 아니라 하리오 　　　此去誰云禮數非
그대 보내고 의지할 데 없어 꽃향기 찾는다 　　送君無賴覓芳菲
이별시 가지고 가며 앞길 재촉하지 마시게 　　莫持別句摧前路
이별 노래 부르자마자 비 흩날리려 하나니 　　乍唱離歌雨欲霏
푸른 봄 아리따운 자태에 꽃은 나무에 피고 　　靑春嬌態花開樹
승려 한갓진 마음에 달 사립문에 가득하구나 　　釋子閑情月滿扉
옛날 살던 집 어느 곳에 있는 줄 모르는데 　　不知故宅曾何處
단지 산 구름이 뒤를 쫓아 날아갈까 염려되오 　　只恐山雲逐後飛

봄밤에 가야산의 빈자리를 탄식하다
春夜歎伽倻虛席

봄 계곡에 곳곳마다 물소리 연이어 들리는데	春溪處處水聲連
깊은 밤 벗 그리는 마음 누가 나보다 앞설까	半夜懷朋誰我先
시정詩情으로 선정禪定 드니 애당초 부처에 비기고	詩情入定初疑佛
세상일에 마음 없으니 어찌 신선이 아니리오	世事無心豈讓仙
은하수는 산 동쪽 땅을 가까이 내리 누르고	星河近壓山東地
작은 집은 바다 북쪽 하늘에 높이 매달려 있는데	斗室高懸海北天
아름다운 사백詞伯에게 술을 사서 당도하니	蘭波詞伯沽樽到
가야산 상계上界에서 잠들어 있으니 못내 아쉽구나	只恨伽倻上界眠

연향宴享이 떠나지 않는 것을 탄식하다
歎宴享不去

오늘 일을 경영하는 것에 다름이 있어	今日經營有異同
전하는 말만 듣고 빈산을 마주했다	但聞傳語對山空
봄 고사리 돋아나자 나물 뜯는 아낙 노래하고	春蕨新生歌菜婦
꽃나무 향기 풍기자 땔나무 하는 노인 보이는데	花林初蜜見樵翁
만남에 시詩가 아니면 마음을 펴지 말고	會合非詩心莫展
시 읊는 일에 술 없으면 흥이 나지 않지	吟哦無酒興難通
구름과 냇물에 자취 잠겨 세월 잊으니	潛跡雲川忘甲子
촌사람들 보리 피었다고 풍년을 알리는구나	野人麥秀報年豊

고목
古木

하늘에 맞닿은 고목 산에 있는 집을 뒤덮어	連空古木覆山家
비바람에 마귀인 듯 그림자 기울려 하네	風雨其魔影欲斜
초록빛 들고 어느새 열매 맺으려 해도	軟綠居然疑結果
늙은 가지는 적막하여 꽃도 피우지 않는다	老枝寂寞不生花
잎 무성해도 눈 내리면 어찌하여 먼저 지고	葉陰逢雪何先落
봄비는 사심 없는데 가장 늦게 싹트는가	春澤無私最晚芽
네가 천수 누려 여전히 예 있음 기뻐하나니	喜汝天年猶在此
나라에서 교제郊祭 지낼 때 수레 만들 만하구나	若當郊國可作車

늦봄
暮春

고요한 속에 시구 찾아도 이루지 못해	靜中覓句不成諧
세상 걱정과 시정詩情이 차례로 오가네	世念詩情次第來
길고 곧은 풀은 모두 조화옹造化翁에 의지하고	長端草皆依造化
푸르고 붉은 꽃은 으뜸가는 재주 빌리지	靑紅花是借元才
봄 저무는 게 슬퍼 문 공연히 닫았지만	心傷春暮門空閉
암자는 푸른 숲에 들어 산길은 그래도 열렸구나	庵入碧林路亦開
새들은 하루 종일 노래하느라 목쉬었는데	鳥鳴竟日歌相嘎
여운에 귀 기울이니 슬픈 일 있는 듯하여라	細聽餘音若有哀

까치집
鵲巢

나뭇가지를 동량棟樑 삼고 깃털을 이불 삼아　　　枝作棟樑羽作衣
평생 떠들썩한 소리로 산 빛을 희롱한다오　　　平生噪語弄山暉
묻노니 이곳저곳 어디든 날아다니면서　　　試問翩翔隨處在
어찌하여 동쪽 사립문에 깃들여 사는가　　　如何捿息向東扉
늙은 까마귀야 부디 얕보아 빼앗지 마라　　　且莫老鴉豪奪取
어린 까치 졸지에 나직이 나는 게 가엾구나　　　只憐稚鵲乍低飛
네 어찌 그리 분분히도 무슨 일 하느라　　　紛紛汝亦緣何事
아침에 나가 지루하게 저물녘에 돌아오려 하느뇨　　　朝出支離暮欲歸

용 그림
畫龍

다섯 가지 빛깔 영롱하여 먹 향기 띠었건만　　五彩玲瓏帶墨香
원래 물에 살기에 홀연 맑고도 서늘하네　　　元居水故忽淸涼
가슴엔 비구름 담아 신묘함 예측하기 어렵고　胸藏雲雨神難測
몸엔 신령스런 구슬 차서 조화 다함이 없다네　身佩靈珠化未央
가는 비늘 1만 점은 온전한 바탕 꾀함이요　　細鱗萬點猶全質
푸른 수염 1천 가닥은 본래 빛을 더함이지　　蒼髥千莖更本光
초연히 하늘 놀라게 할 뜻 가지고 있기에　　　超然將有悚霄意
꼬리 구불구불 굽히고 일부러 펴지 않는다오　屈曲尾毛故不張

늦봄에 해룡당을 만나
晩春逢海龍堂

봄 생각 실낱같이 끝을 알 수 없기에	春想如絲不記端
부질없이 시집 가지고 다니며 날마다 본다네	謾將詩卷日相看
깊은 동산에 꽃 지니 계절 가는 걸 근심하고	深苑花落愁節去
솜옷 아직도 입으니 추워질까 걱정이라	絮衣猶著怕天寒
소나무 숲 속 지나자마자 아침 이슬에 젖고	俄過松林朝露濕
높은 곳에 다시 오르자 눈이 밝고 훤한데	更登高處眼明寬
그대와 시 짓고자 유람지에서 만나니	與君翰墨逢遊地
말은 맑고 한가롭고 뜻은 막힘이 없구려	言入淸閒意未闌

사산史山을 만나 읊다
逢史山吟

해인사에서 만나 함께 신선을 방문하느라　　海寺相逢共訪眞
하룻밤 같이 묵으며 옛날 인연 이야기한다　　一宵同宿話前因
높은 골짜기에 봄 들어 나무에서 꽃피고　　　高峽春心花發樹
강가 성에 구름 드리워 비는 티끌 적시는구나　江城雲影雨沾塵
책 상자 지고 예전에 친하게 가르침 받았는데　負笈曾年親承誨
가는 길 나뉘어 지금은 각기 몸을 맡겼다오　　路分今日各捿身
이런 생각 시를 인연하여 얻은 게 아니라면　　倘非此念緣詩得
술동이 앞에 마주앉아 담소할 일 새롭겠지　　對坐樽前笑語新

통도사 시를 차운하다 [오언시]
次通度韻【五言】

옛 절 황혼이 드리운 땅에	古寺黃昏地
밝은 달이 산중 집에 든다	明月入山齋
귀향하는 꿈 맺기 어려워	難結還鄕夢
나그네 회한 견디지 못하지	不堪爲客懷
계곡 물소리는 바닷가인 듯	溪聲疑海角
북소리는 하늘 끝에 닿는데	斗鼓倒天涯
빈 암자의 사람 잠 못 들고	庵空人轉宿
풀벌레 소리 빈 섬돌 두른다	虫語繞閒階

용호龍湖 내문乃文에게 주다
贈龍湖乃文

푸른 산 적적하여 주렴 걷어 올릴 때	靑山寂寂捲簾時
가는 물 흐르는 세월은 둘 다 몰래 달리지	逝水流年兩暗馳
4월에 꾀꼬리 우니 긴 여름에는 이르건만	四月鶯歌長夏早
누대에서 시 읊자니 벗은 더디 오는구려	一樓詩曲故人遲
얼마나 강가 바라보며 애달피 꿈꾸었던가	幾望江天勞夜夢
높이 나는 기러기에 인사말 부친다오	幸因雲鴈寄單辭
먼 그리움 깊어만 가니 어느 곳에 쏟을거나	遙想轉深何處寫
곁의 내문에게 날마다 술잔 기울이노라	在傍文日爲傾巵

초여름에 우연히 읊다
初夏偶吟

숲 찾고 물 따라 개울가에 앉아서	訪林隨水坐溪邊
담소 나누며 풍류 즐겨 옛 현인 잇는다	笑語風流繼古賢
잎은 여름 만나 빈 땅을 뒤덮고	葉惟逢夏補虛地
꽃도 봄 지나자 돌 자리에 날리는데	花亦經春飛石筵
평소에 따라 노닐 날 적어 한탄했건만	平時恨少追遊日
좋은 계절에도 주고받은 시 많지 않구나	佳節無多唱和篇
기쁘게 벗 부르는 천만 마리 새들	却喜呼朋千萬鳥
쌍쌍이 노을 진 하늘에서 내려오누나	雙雙同下夕陽天

운산에서 미인과 이별하며
雲山別美人

구름 깊고 울창한 숲에 새들 공연히 나는데	雲深樹蜜¹⁾鳥空飛
마음에 담은 그대는 어느 곳으로 돌아가느뇨	所憶伊人何處歸
황혼녘에는 평생 함께하자고 약속하더니	黃昏初擬百年約
낮이 되자 도중에 어긋나니 몹시 서운토다	白晝偏憐中道違
객지에서 나처럼 마음 아파하는 이도 적고	客裏傷心如我小
인간에서 너처럼 남달리 사랑하는 이도 드물지	人間殊愛似君稀
슬픔 견디지 못해 산만 하염없이 바라보니	不堪惆悵山一望
고갯마루 소나무에 맺힌 이슬 옷을 적시는구나	高峽松梢露濕衣

―――――――――――
1) ㉅ '蜜'은 '密'의 오자인 듯하다.

금파에게 부치다
寄錦坡

열다섯 아이 때에 값나간다는 소문을 띠어 　十五年童帶價聲
도량에서 도를 듣고 재주와 이름 날렸다네 　場中聞道擅才名
이별할 때 언약 남겨 옛정 펴자고 하더니 　臨離留約來叙舊
지금껏 맹세 저버리고 어찌 행하지 않는가 　到此負盟何不行
처음 알 때 꿀처럼 단 줄 얼마나 보았던가 　幾看初識甘如蜜
끝내 사귀매 물처럼 맑음을 보지 못하겠네 　未見終交水若淸
비 무릅쓰고 난초 언덕 저물녘에 당도하여 　冒雨蘭坡當暮到
문득 사해史海에 기대니 그대 그리움 이네 　忽憑史海憶君生

나그네를 만나 읊다
逢客吟

천년 옛 절에 흰 구름만 깊은데	千年古寺白雲深
저물녘 경쇠 소리 숲을 건너간다	暮磬一聲始過林
무정한 산비는 추녀 끝에 드리우고	無情山雨垂簾角
계절 따라 계곡의 꽃은 수면에 어리는데	隨節溪花映水心
사람은 꾀꼬리같이 여름에 찾아왔건만	人似黃鶯來夏日
승려는 기러기 근심에 가을을 이야기하지	僧愁白鴈話秋砧
앞에 놓인 몇 줄 시조차 다 짓지 못해	數句前詩猶未盡
서재 창가 바라보며 다시 길게 읊는다오	書窓相對更長吟

또
又

옛 친구와 약속 있어 산 누각에 드니	舊交有約入山樓
꾀꼬리도 정이 있는 듯 지붕에서 시끄럽다	黃鳥如情噪屋頭
나무마다 우는 매미 이제 여름을 알리고	萬樹鳴蟬初報夏
삼복더위에 서늘한 비 문득 가을인 듯하여라	三庚涼雨忽疑秋
만나는 자리인 오늘 아침 즐겁다 말라	莫言逢處今朝樂
이별의 자리인 내일 근심 어찌 감당하리	其奈離筵明日憂
기다리던 금파錦坡는 이제 오지 않으니	所望錦坡今不到
서로 그리는 밖에 다시 무엇 구하리오	相思餘外更何求

단오
端午

산 계곡 구불구불 나무는 비탈에 자라는데　　　山溪脉脉樹連坡
언덕에 버들 우거져 바람이 버들개지 보내온다　岸柳陰陰風送絲
시흥詩興의 반은 봄날 따라 가 버리고　　　　　詩興半隨春去日
경치 구경하는 마음은 벌써 여름에 들어섰다　　賞心餘在夏來時
방초에 꾀꼬리 노래는 너무도 일찍 들렸는데　　芳草鶯歌聞已早
떨어진 꽃에 매미소리는 어찌 그리도 늦은가　　落花蟬聲太何遲
초나라의 충성스러운 혼은 지금도 있는가[38]　　楚國忠魂今有否
상강湘江의 흐르는 물 드넓어 만날 기약 없구나　湘江流水浩無期

아침밥
晨炊

산사에 새벽 해 돋고 경쇠 소리 맑으니	上方曉日磬聲淸
법왕님께서 화성化城에 머무신 듯하오	疑若法王宿化城
불경 외는 노승은 새로이 선정에 들고	誦佛老僧新入定
땔나무 하는 동자 졸다 어찌 놀라는가	負薪童子睡何驚
절간 밥이 향기롭고 맛있다 하지 말라	莫言齋飯佳香味
농부들의 고생하는 심정도 생각해야지	且憶農夫辛苦情
깊은 부엌에 인적도 없고 연기도 그쳐	深廚人靜炊烟歇
빈 발우에는 용이 잠겨 물만 찰랑찰랑	空鉢龍藏水盈盈

성암에서 우연히 만나다
聖庵偶會

펄펄 나는 꾀꼬리 구름 성城을 지나가고	翩翩黃鳥過雲城
가랑비에 우는 비둘기 날씨 갤 때 알린다	細雨鳴鳩初報晴
옛 친구와 만나 말하고 한바탕 웃으니	舊識相逢言一笑
높은 암자에 손님 왔다 경쇠 세 번 울리는데	高庵客到磬三聲
시 짓느라 술잔 기울이니 흥겹지 않은 일 없고	緣詩傾酌無非興
달 보며 사람 그리워하니 정이 끊이지 않는구려	對月懷人不斷情
풍류를 만남에는 진실로 운수 있으니	邂逅風流誠有數
맑은 노닒 이 평생에 몇 번이나 지나려나	淸遊何過此平生

또
又

덧없는 인생 온통 흐르는 세월에 맡기니 浮生都是寄流年
양羊 창자같이 굽은 길 천 가닥으로 갈렸구나 九曲羊腸路一千
인심은 헤아리기 어려워 바다같이 깊지만 人心難測深如海
촉도蜀道³⁹는 오르기 쉬워 하늘보다 높지 않다네 蜀道易登高莫天
말끔히 선루禪樓 쓸고서 때로 나그네 대하고 淨掃禪樓時對客
앉아서 시집 읽을 때는 문득 졸기도 하지 坐看詩卷忽成眠
겹겹이 쌓인 세상일 그치는 때가 없기에 層層世事難無盡
향긋한 술 마음껏 마시니 기운이 호당하구나 謾飮芳樽氣浩然

여름날
夏日

곳곳마다 무더위에 한낮에도 어둑어둑한데   蒸天處處晝陰陰
꾀꼬리 소리 꾀꼴꾀꼴 건너 숲에서 들려온다   鶯囀聲聲隔樹林
세상 걱정 저절로 흐르는 물 따라 멀어지고   世念自隨流水遠
한갓진 마음 외려 흰 구름과 함께 깊어지는데   閒情猶與白雲深
짧은 처마 밑엔 날마다 제비들 짝지어 날고   短簷日日雙飛燕
돌길에는 때때로 새 떼들이 모여서 지저귀지   石逕時時羣噪禽
더위 피하여 무료하게 홀로 앉아 있으니   避暑無聊還獨坐
나를 여기에서 찾을 사람 그 누구런가   有誰爲我此中尋

화상
畫像

온몸이 그림 속으로 돌아온 듯	全身彷彿畫中還
속세 잊고 벽 사이에 깃들었네	忘却塵寰捿壁間
붉은 가사 걸치고 낮에 머물며	體被紅袈留白日
말 한마디 없이 청산을 배우네	口無一言學靑山
뜬 인생 살면서도 번잡함 꺼려	寄在浮生猶恐鬧
정적 속에 절로 한가함 구하네	隨化湛寂自求閑
비단 그림 어느 때에 이루어져	綃幅圓成何歲月
후손들 어기서 그 일굴 뵙는가	後昆到此倚俙顔

즉흥시
卽事

단옷날 아름다운 절기[40]가 사람 재촉하여	天中佳節使人催
풍광 느끼고자 저무는 누대를 걷는다네	欲得風光步晚臺
떠도는 흰 해는 옮겨 가서 머물지 않고	浪遊白日移無住
늘 그대로의 청산은 불러도 오지 않는구려	坐久靑山呼不來
밥 먹은 뒤 바둑 두니 더욱 졸음 오고	飯後圍碁增睡到
북창北窓에서 시집 덮으니 문득 바람 불어오네	北窓閉卷訝風開
내 젊음 뒤돌아보니 서른 살 넘었는데	顧我靑年三十過
손님 맞아 읊는 자리 시 재주 부끄럽구나	對賓吟處愧詩才

높은 누대에서 시 하나를 지어 읊다
高樓得一吟

이 산 높은 곳에 누대 하나 매달려 있기에	此山高處一樓懸
홀로 앉으니 몸 한가로워 신선 바라지 않는다	獨坐身閑不願仙
낯익은 의관 차린 이는 가까운 곳에서 왔는데	熟面衣冠來近地
높이 나는 제비와 참새는 어느 하늘로 날아가느뇨	高飛燕雀向何天
읊조리는 것은 두 편의 『주역』으로 만족하니	吟哦自足兩篇易
살아감에 어찌 백 이랑의 밭 탐하겠는가	活計豈耽百畝田
인간세계 가만히 헤아리니 좋은 계절 지나가면	暗算人間佳節去
어느덧 5월이니 한 해도 반이 지나겠지	於焉五月半過年

잠자리
蜻蜓

푸른 산을 종일토록 일부러 날고 날아　　　碧山終日故飛飛
가는 곳마다 바람에 날려 쉬는 일도 드물다　隨處飄風休亦稀
제비와 참새는 분주히 주둥이로 떠들지만　　燕雀紛紛翻舌噪
잠자리는 급급하게 담장 넘어 돌아가니　　　蜻蜓急急過墻歸
나그네 혼이라 늘 꽃피는 동산에 머물고　　　宿魂常在花開苑
깃들여 쉬는 곳은 애당초 낚시터 아니라오　　捿息初非魚釣磯
추억에 잠긴 뜬 인생 시름 속에 너를 보니　　憑憶浮生愁見汝
가벼이 날개 거두고 사람 옷에 내려앉는구나　輕輕收翅坐人衣

일 때문에 문을 나섰다가 열기가 두려워 돌아오다
因事出門畏熱而歸

구름 걷히자 산 비지 않은 곳 없는데	捲雲無處不山空
나무마다 매미들 떨어지는 해 속에 운다	萬樹鳴蟬落日中
향기로운 풀에 새 울음소리는 관악기 되고	芳草啼禽聲作管
늙은 소나무 드리운 칡은 활인가 의아하지	老松垂葛曲疑弓
계곡 나서니 고해苦海에 노닌 듯 어지럽고	出谷紛如遊苦海
암자 돌아오니 신선이 내려올 듯 외겼는데	還庵偏似降仙翁
부처에 투신해 하늘이 정한 일 알았기에	投佛自知天定事
책상 가득한 불경은 흥취 끝이 없도다	滿床黃卷興難窮

이른 아침 산의 누대
早旦山樓

층루層樓의 나는 듯한 누각은 푸른 하늘에 닿아	層樓飛閣接靑宵
봉주蓬州[41]를 내려다보니 지척에 있는 성일세	俯見蓬州只尺城
재잘거리는 산새 무슨 노래하는지 모르겠고	弄舌山离[1]難語曲
그늘 드리운 잡목은 이름조차 알 수 없구나	垂陰雜樹不記名
어제는 안개에 묻혀서 땅이 외진 듯했는데	昨日烟迷疑地僻
오늘 아침 구름 걷히자 하늘 맑다고 알리네	今朝雲捲報天明
불현듯 옛날 일 생각하니 지나간 자취 되어	居然憶昔成陳跡
새로 지은 시는 이 삶 덕분인 줄 알겠노라	識得新詩賴此生

---

1) ㉭ '离'는, 필사본에는 '禽'으로 되어 있다. 번역은 필사본을 따랐다.

또
又

달팽이 뿔⁴² 같은 뜬 이름에 세월 급하여	蝸角浮名歲月頻
송라松蘿와 흐르는 물은 모두 새롭고 새롭네	松蘿流水兩新新
푸른 나무 무더위에 함께 하안거夏安居를 하고	碧樹蒸天同結夏
노란 꽃 핀 달 앞에서 또 봄을 보냈었지	黃花前月又經春
문밖에서 몇 번이나 방외객方外客을 맞았던가	門外幾迎方外客
꿈에서 공연히 마음에 둔 사람 생각하네	夢中空憶意中人
삼복은 점차 다가오는데 어찌 말을 다할까	三伏侵臨何盡說
벼루 곁에 일없이 땀만 수건에 가득하오	硯邊無事汗盈巾

해룡 상인을 보내며
送海龍上人

만나고 헤어지는 일이 무상한 게 우리들	逢別無常是我曹
숲의 나부끼는 잎을 향하여 발길 돌리네	向林飄葉轉靑旄
영취산靈鷲山의 유풍은 맨발로 오는 것이기에	鷲嶺遺風來白足
호계虎溪에서 웃고 말하며 그대를 보내네[43]	虎溪笑語送方袍
산 아래는 무더위 맞아 삼복이 뜨거운데	下界天蒸三伏熱
산사에는 사람 떠나니 한 누대만 높구려	上方人去一樓高
발걸음 잠시 멈추고 정처 없음 슬퍼하니	暫住歸笻悲不定
풍진 세상 이곳저곳 떠도는 쑥대 같구나	塵間隨處似蓬蒿

우연히 읊다
偶吟

청산은 종일토록 안개와 노을에 잠겼는데	靑山終日鎖烟霞
대 그림자 소나무 그늘에 저녁 까마귀 운다	竹影松陰噪暮鴉
세상 걱정은 모두 흐르는 물 따라 내려가고	世念同隨流水岸
한갓진 심정은 외려 흰 구름에 부치지	閒情猶寄白雲家
절기는 고해苦海 같은 삼복더위에 이르렀건만	節如苦海三庚到
꿈은 나는 구름같이 천 리쯤 아득하구나	夢似飛雲千里賒
홀로 앉아 좋은 모임 적다 하지 마소	獨坐莫言佳會小
뜰 앞에 아직 시듦을 아쉬워하는 꽃 있다오	庭前猶有惜殘花

해인사 상인에게 주다
贈海印寺上人

고운孤雲이 떠나자 흰 구름 비었는데	孤雲一去白雲空
장경藏經 빼어난 집에서 도를 들었네	聞道藏經佳麗宮
마음은 해인사 산수 속을 노닐어	心遊海寺烟霞裡
꿈에 가야산 풍경 속으로 가겠지	夢到伽山水石中
천 리 길의 나그네 처음 해후하니	邂逅初逢千里客
석양 바람 즐기며 늦도록 앉았네	逍遙晩坐夕陽風
모르겠다 초은蕉隱은 어디에 있는가	不識蕉隱安在否
경신년에 함께 강론을 했었는데	庚申年月講論同

비두
備頭

평생의 한가한 취미 구름가에 부치니	百年閒趣付雲涯
시 생각은 천 겹이라 밤 되면 아득하구나	詩思千重入夜賖
그늘 짙푸른 여름 나무에는 산새들 울고	陰陰夏木啼山鳥
드넓게 펼쳐진 무논에는 벼꽃 피었는데	漠漠水田發稻花
처마 끝에서 지저귀는 제비들 기쁘게 보고	喜見簷端羣噪燕
대울타리에 깃든 뭇 까마귀 시름에 듣는다오	愁聞籬竹萬捿鴉
석양에 동쪽으로 흐르는 물 좋기만 하니	斜陽偏宜東流水
아름다운 계절에 어찌 술 파는 집 없을쏘냐	佳節豈無沽酒家

쌍벽루에 올라
登雙碧樓

별세계라 해도 무방하기에 백 번이나 보았는데	別界無妨百度看
지금 와서 유유자적하기에 무슨 어려움 있으랴	今來自適有何難
그늘 맺힌 곳 얻지 못해 땅 뜨거워지려 하기에	未得結陰疑地熱
앉으니 하늘 오른 듯 누대 시원한 걸 느끼겠네	坐如天上覺樓寒
눈앞에 낙동강 펼쳐졌으니 기이한 경관이요	奇看平挹洛江水
드높게 영취산 이웃했으니 뛰어난 경치일세	勝槩高隣靈鷲山
소요하며 석장 짚고 반나절을 노닐다가	逍遙飛錫遊半日
머리 돌려 흰 구름 보니 고목 사이에 걸렸구나	回首白雲古樹間

의상대에 올라
登義想臺

진시황은 이 봉영蓬瀛⁴⁴에서 약을 캤는데 　　秦皇採藥此蓬瀛
천년 전 일이라 황제의 서울 생각한다네 　　　事去千年憶帝京
소나무 푸르고 땅 짙푸른데 새들 오고 가며 　松靑地碧鳥來徃
안개 잠기고 구름 걷히는데 바람 맞는다네 　烟鎖雲收風送迎
자장子長이 남긴 역사서 명산이어야 간직되니 子長遺史名山在
의상義湘이 돌아가지 않을 별천지 이루었다오 湘老無還別局成
멀리 바다를 바라다보니 저곳은 어디메뇨 　遙望海天何處是
아득하고 아득한 대마도 눈앞에 펼쳐졌구나 　茫茫馬島眼前平

구포 나루를 지나며
過龜浦津頭

푸른 산을 바라보니 깎아 이룬 듯한데	望裏靑山似削成
홀연 고개 돌리니 맑은 하늘 보이는구나	居然回首見天晴
외딴 마을 처마에는 제비 짝지어 날고	孤村屋角雙飛燕
푸른 나무 맑은 그늘에 꾀꼬리 홀로 우네	碧樹淸陰獨囀鶯
긴 모래섬 10리에 푸른 갈대 우거졌고	長洲十里蒼葭積
바닷가 마을에는 천년토록 강물 잔잔한데	海國千年江水平
흰 구름에 돌아가는 스님 황혼에 서서	白雲歸錫黃昏立
고깃배 불 밝힌 나루에서 밤말을 나누네	漁火津頭夜語聲

붉은 여뀌를 읊다
咏紅蓼花

이 꽃만 너무 더디 핀다 하지 말라	莫言此物獨遲遲
계절 따라 피어나되 저절로 때 있나니	隨節開生自有期
푸른 잎 바람에 나부껴 한가히 춤추니	蒼葉飄風開作舞
홀연 미녀에 기댄 듯 슬픔 가시는구나	忽憑佳女頓無悲
가랑비 내리는 석 달 봄날이나	如將細雨三春日
꽃피고 찌는 듯 무더위 이어지는 날에	花發蒸天長處時
소요하며 무료하게 유심히 보고 섰다가	逍遙無聊看看立
내 마음 돌아보니 그리움만 더해 가지	顧我中心倍所思

여러 벗들과 읊다
與諸益吟

내 성격 시와 글을 지나치게 아껴	惟吾性癖愛詩書
자잘한 일 하찮은 인연도 다 버렸소	細務微緣盡掃除
새가 노래해도 화답할 사람 없고	啼禽一曲人無和
한밤에 산 고요하여 달빛만 가득한데	山靜中宵月有餘
나이 서른을 오히려 헛되이 보내고	年光三十尙虛過
물과 바위 사이에 스스로 머물렀다오	水石中間自卜居
비 내린 뒤 길게 읊으니 유독 흥이 일지만	雨後長吟偏興發
여러 벗들은 과연 어떤지 모르겠구려	不知諸益果何如

또
又

적적한 암자에 해는 이미 나뉘어	寂寂庵中日已分
처량한 매미 소리 차마 듣지 못하겠다	凄凉蟬語不可聞
비 개자 누대 쓰는 건 나그네 끊긴 부끄러움	雨後掃樓羞絕客
벼루 놓고 시구 찾는 건 벗 떠난 자괴감	硯前覓句愧離羣
금정산은 깊어 물이 마를 날 없고	金井山深無盡水
의상대는 우뚝 솟아 구름 돌아가지 않기에	義想臺屹不歸雲
시만 있어도 그런대로 유유자적하다는 걸	只有詩歌聊自適
그대들에게 이 자리에서 감히 말하노라	敢說諸君於此筵

본 고을 원님을 만나 읊다
以逢本倅吟

계절 사물에 사람 놀라나 국화 피지 않았는데	節物驚人菊未開
황금 안장 한 고아한 나그네 가을 짝하여 왔네	金鞍高客伴秋來
호협豪俠한 흥취에 누대 오르니 시구 찾기 알맞고	豪興登樓宜覓句
감상할 마음에 달 맞으니 술잔 기울일 만하구나	償邀心月可傾盃[1]
옛 절에는 세월 깊어 구름이 탑 두르고 있고	古寺年深雲護塔
청산에는 비 지나고 나자 길에 이끼 덮였는데	靑山雨過路封笞
승려가 뜬금없이 기생 있는 자리에 참여하니	釋子居然參妓席
뜬 인생 나머지 일은 지금에 재 되었구려	浮生餘事到今灰

---

1) ㉮ 글의 순서가 '償心邀月可傾盃'로 되어야 대구가 맞는다.

또 읊다
又唫

산비 그치자마자 날은 맑아지려 하는데	山雨初收日欲晴
고을 성에 계신 원님 이번 행차 하셨네	郡城皀盖作今行
골 외지니 푸른 솔은 높은 언덕에 곧고	洞僻青松高岸直
가을 오니 붉은 잎에 먼 봉우리들 훤하네	秋來紅葉遠峰明
깊은 뜰에 취한 달 한가한 꿈 괴롭히기에	深庭醉月勞閑夢
기생 있는 자리 노랫소리에 이 삶 맡겼다오	妓席歌聲賴此生
풍속 교화한 문옹文翁[45]을 이제 다시 뵙고	化俗文翁今復見
변방에 전란 없기에 시절 평안에 보답한다네	邊塵不動答時平

또
又

곳곳마다 하늬바람 계절 사물 재촉하고	隨處西風節物催
희미한 볕 가을 기운이 시야에 들어온다	微陽秋氣望中廻
유람하는 발길 어찌 늘 정해진 줄 서로 알리오	共知遊屐何常定
신선 수레 갔다가 다시 오니 기쁘구나	且喜仙輿去復來
세상에 누가 백성 편안토록 다스리겠는가	人間誰是安民略
관리 길 처음에 세상 건질 재주라 들었다오	吏道初聞濟世才
이곳에는 비록 별다른 취미 없으나	此地雖無曾別趣
모시고 시를 나누니 차 한잔보다 낫구려	奉陪詩話勝茶盃

또
又

흰 머리 원님 만년에도 책을 사랑하여	白首使君晚愛書
한적함 따라서 이 깊은 곳까지 오셨다	但隨閑適此幽居
덧없는 세상에 놀라며 한 해가 갔는데	浮世驚心年去地
제천諸天의 안색은 나그네 오자 살아나네	諸天顏色客來初
골 외져 계곡 물소리 어지러운 비에 더하고	洞僻溪聲添雨亂
산 높아 대화 소리 빈 누대에서 들려오는데	山高人語在樓虛
받들어 모시자 새로 지은 시 주시나	奉陪雖被新詩贈
경거瓊琚[46]에 갚으려 하나 못나 부끄럽소	欲報瓊琚愧不如

又
又

낮은 담장의 나무 그림자 처마에 걸렸는데　　短墻樹影掛簷稜
마침 원님께서 이 저물녘에 산에 오르셨다　　際有使君此晚當[1]
북두성 우러르니 하늘은 아득하고 아득하며　　北斗瞻依天渺渺
남산은 보랏빛에 물들어 길 층층이 굽었는데　　南山紫翠路層層
선루禪樓에 달 밝아 사람들 말소리 들려오고　　禪樓月曉聞人語
법당에 밤 깊어 불등佛燈이 보이는구나　　梵宇夜深見佛燈
여러 날 함께 노닐어 진실로 운이 있지만　　累日從遊誠在數
시로 나그네 마주하기에 무능하여 부끄럽소　　將詩對客愧無能

---

1) ㉩ '當'은 '登'의 오기인 듯하다. 능稜·층層·등燈의 운목韻目은 증蒸이고, 당當은 양운陽韻으로 통운通韻이 될 수 없다. 등登이라야 증운蒸韻이고 의미도 원만해진다.

또
又

볕 기운 주렴珠簾에 들어와 홀연 가을 만나니	陽氣入簾忽遇秋
하늘에 오른들 예 노니는 것보다 나을까	上天未勝此中遊
시 쓰는 나그네 맞아 뛰어난 흥취 많으니	詞客迎來多逸興
당신 계신 곳 어딘들 높은 누대 아니리오	賢候何處不高樓
공무公務가 귀로 재촉하는 줄 스스로 알지만	自知公牒催歸路
떠들썩한 세속 피해 여기서 잠시 쉬시지	却避囂塵此暫休
사흘 밤 놀이에 참여하여 얻은 것 많기에	三夜叅遊多所得
덧없는 인생 이 밖에 다시 근심이 없다네	浮生是外更無愁

또
又

고을 수레를 암자의 사립문에 매어 놓고　　郡城車馬繫庵扉
시골 노인 당도하자 이미 저녁 빛 띠었네　　鄕老纔當已夕輝
산골짜기에서 흐르는 물소리를 자주 듣고　　石澗屢聞流水響
산집에서 흰 구름 나는 걸 기쁘게 보았지　　山齋喜見白雲飛
가을 오니 온 숲이 단풍에 물들어 놀라고　　秋到千林驚紫葉
밤 깊으니 온갖 소리 맑은 기틀 일으키네　　夜深萬籟發淸機
사흘 밤을 절간에 묵어 신선 인연 중하니　　三宿桑門仙分重
남긴 언약 헛되지 않은 줄 이제야 알겠네　　始知留約果虛非

환산 상인에게 주다
呈幻山上人

경치 뛰어난 동남쪽 곳곳마다 누대여서	勝地東南處處樓
짧은 지팡이로 여장 꾸려도 풍류로세	短筇行李亦風流
마음은 흐르는 물 같아 인연 따라 접하고	心同逝水隨緣接
몸은 뜬구름 같아 뜻 가는 대로 노닌다오	身似浮雲任意遊
거문고 듣고 누가 가섭迦葉(飮光)의 춤 출 것이며	聞琴誰作飮光舞
거울 비추자 야주夜周[47]의 연출인지 의심할까	照鏡還疑演夜周
갑자기 만나 말하는 가운데 흥취 있으니	居然逢話箇中趣
금정산 앞 가을이 서물어 가려 하누나	金井山前欲暮秋

구일九日에 읊다
九日唫

가을 기운 까닭 없이 차츰 침상에 들어오니	秋氣無端轉入床
맑은 놀이 어디 간들 술잔 기울이지 않으랴	淸遊何處不傾觴
떠나는 기러기 달빛에 울자 이별 시름 일고	征鴻響月離愁起
낙엽은 바람 따라 나부끼니 나는 꿈이 길다	落葉隨風飛夢長
다시 다른 날에 사람들이 완상玩賞할 일 없기에	更無他日令人翫
노란 국화만 홀로 피어 이슬 젖어 향기롭네	只有黃花浥露香
남화南華가 나를 추담秋覃의 자리로 부르니[48]	南華招我秋覃席
모든 일 물리고 바지 거꾸로 입고 달려간다[49]	掃却諸緣倒着裳

본 고을 원님에게 읊어 드리다
呈本倅吟

서리 눈 내릴 때 이미 날 저물었는데	霜雪初來已暮天
긴 끈으로 누가 흐르는 세월 묶게 할까	長繩誰使繫流年
바위틈 수놓은 기운에 단풍잎 밝고	岩間繡氣明楓葉
산 밖 시골 마을에 가는 연기 일어나는데	山外村容起細烟
미륵암에서 함께 노닐 던 일 어제 같고	彌勒從遊如昨日
금정암에서 모인 것도 전생 인연인 듯하오	金庵諸會亦前緣
이 몸이 모실 일 어디에서 얻을까	此物奉陪何處得
지은 시 길게 읊조리니 흥취 끝이 없구려	長吟新句興無邊

또
又

공명은 일품이요 나이는 예순　　　　　　　一品功名六十秋
시율詩律도 좋아하고 유람도 좋아하시지　　僻於詩律僻於遊
해질녘 안개 빛에 먼 성곽 희미한데　　　　日暮烟光迷遠郭
추운 날씨에 눈기운 빈 누대 떠도네　　　　天寒雪氣動虛樓
지금도 광악匡岳[50] 같은 산은 있지만　　　　卽今山有如匡岳
예부터 혜휴惠休[51] 같은 승려 드물다네　　　自古僧稀等惠休
다섯 해 남토에서 형벌과 은덕 펴니　　　　五年南土流刑德
변방에 이를 검게 물들일 근심 없다오[52]　　邊鎭頓無柒齒愁

또
又

암자 모임에 참여해 지난 가을 생각하니	蓮庵叅會記前秋
그때 노닒 다하지 못한 게 한스럽네	恨不其時盡底遊
동해의 물 넓고 넓으니 서씨徐氏의 길이요	東海水茫徐氏路
한밤에 달 떠오르니 유 공庾公의 누대로세[53]	中霄月到庾公樓
선정 생각 홀연 불경과 더불어 일어나고	定念忽俱玄錄起
속세 인연 차츰 좀먹은 책과 함께 쉬는데	塵緣轉與蠹徧休
백 년을 이렇게 보낼 수만 있다면	若得百年如此過
인간에 누가 한 쟁반의 근심 있을거나	人間誰有一盤愁

용 그림
畵龍

한 폭의 붉고도 노란 채색 그림 화려한데   一幅紅黃彩色殷
의젓한 용 모양 손 안에 돌아왔다   儼然龍像手中還
백 년을 숨어 살기에 물속이 제격이지만   百年潛伏偏宜水
한가한 날 노닐며 읊기에 산은 안 되지   暇日遊詠不可山
몸 서리어 늘 하늘에 오르려는 뜻 둔 터인데   蟠蜿長有登天意
어찌하여 벽 사이에 깃들어 쉬고 있는가   捿息何如與壁間
비구름 품어 비늘 달린 것에 으뜸 되니   胸藏雲雨爲鱗長
그림으로 온몸에 반점 그리는 까닭일세   是故畵成全體班

호랑이 그림
畫虎

작은 소나무 깊은 곳에 바위 굴 하나	小松深處一岩扉
가는 터럭 그려 내니 모습이 닮았도다	畫出細毫貌不非
눈 굴리니 불처럼 밝은 줄 잘 알겠고	誠知轉目明如火
가벼운 몸 날듯 달리는 걸 싫어하랴	肯厭輕身走若飛
개나 살쾡이 같지만 자못 용기 있고	疑狗疑狸殊有勇
고양이나 토끼 같지만 위엄 넘치는구나	如猫如兎過生威
성품 가장 신령하여 사람들 꺼리는데	爲姓[1]最靈人所畏
무엇 때문에 적적하게 벽에 걸렸는가	緣何寂寂壁間依

---

1) ㉮ '姓'은 '性'의 오자인 듯하다.

등
燈

몸체는 본래 앉아만 있고 다니지 못하니	爲體本來坐莫行
확고부동한 그 성품 끝내 바꾸기 어려워라	確然其性卒難更
황혼녘부터 온밤 내내 불꽃 계속 이어져	黃昏一夜熖相續
붉은 심지 천 가닥에 그림자 반쯤 기울었다	紅穗千莖影半傾
밝은 때에는 버려져 귀함이 없는 듯하더니	明時見棄疑無貴
어둔 곳에 빛을 내어 정채精彩 있는 줄 알겠노라	暗處生光覺有精
유독 이것에 의지하여 책 읽기에 제격이니	偏宜賴此讀書去
얼마나 사람마다 훌륭한 자질 기르게 했던가	幾使人人養俊英

중춘에 정령鼎嶺을 건너며
仲春度鼎嶺

고갯마루를 건너면 다른 고을	度嶺異鄕邑
걸음 멈추니 한눈에 들어오네	停筇一望間
사방 산에는 봄빛이 한창인데	四山春色遍
온갖 계곡에 물소리 차갑구나	萬谷水聲寒
사람들 농사 고생으로 인하여	因人東作苦
내 북쪽 귀로 한가한 줄 알지	知我北歸閑
앞길은 여전히 10리 남았지만	前程猶十里
떠나는 발걸음 몹시 어렵구나	行脚最爲艱

우연히 읊다
偶吟

바람 높고 경쇠 소리 구름 속에 울리는데	風高磬韻動雲間
작은 길에 눈발 날려 다니기 어렵구나	小逕雪飛跋涉難
누대 오르면 하늘의 달 잡을 생각 하고	登樓思得天涯月
밤에 앉으면 바닷가 산에 온 듯하오	坐夜如來海上山
평생 동안 그 속에는 즐거움 있을 터	百歲中分應有樂
이 몸은 따져 보아도 한가함이란 없구려	一身統計更無閒
어찌 알리오 방외方外의 이름 낮은 사람이	寧知方外名下士
세밑 추운 날에 문지기 찾아가는 줄[54]	歲暮寒天訪抱關

나그네를 마주하여 읊다
對客吟

나그네 방외方外에서 그윽한 거처 방문하니	客從方外訪幽居
세밑의 산 어둑어둑하고 흰 눈이 쌓였다	歲暮山陰白雪餘
구름 걷히자 산봉우리의 하늘 깨끗하고	雲歛峯頭天氣淨
시선 다한 바다 위엔 땅 그림자조차 없는데	目窮海上地影虛
새로 지은 시 읊자 향기가 술 대신하고	新句初吟香代酒
옛 벗과의 이야기는 맛이 생선보다 낫구려	舊交相話味傾魚
인간 세상 귀성歸省하는 일에 참으로 효孝 있으니	人世歸寧眞有孝
집안에 계신 아버님은 안부가 어떠하신가	堂上嚴君問何如

우연히 읊다
偶吟

낮 꿈 깨자마자 찾아도 흔적 없는데　　　　　纔醒晝夢覓無痕
산비는 부슬부슬 옆 마을에서 내린다　　　　　山雨霏霏自近村
물 긷는 절간 스님은 바삐 섬돌 쓸고　　　　　汲水齋僧忙掃砌
땔나무 하는 아이는 이제야 문을 여니　　　　負薪樵子始開門
절이 차츰 저물어 가는 건 아니지만　　　　　一院浸浸非薄暮
온갖 새들 고요하여 황혼인 줄 알겠구나　　　千禽寂寂認黃昏
여전히 두견새만 끊임없이 울어대니　　　　　猶有杜鵑啼不息
그 소리 원망하는 듯 넋을 잃게 하는구려　　其音如怨欲消魂

우연히 읊다
偶吟

귀함과 편안함은 둘 다 얻기 어렵기에　　　　貴而且安有兩難
나만 홀로 여기에서 한가함 터득했다네　　　　獨吾於此得其閒
마음 얕게 간직 않겠다 바다에 다짐하고　　　　心不淺藏能誓海
일은 경거망동하지 않겠다 산에 맹세했지　　　事無輕動始盟山
가장 아끼는 건 대나무 창에 급한 물소리　　　最愛竹窓泉響急
몹시 어여쁜 건 소나무 길에 아롱진 이슬　　　絶憐松路露痕班
훨훨 나는 제비와 참새는 무슨 뜻 알아서　　　翩翩燕雀知何意
홀연 낮은 담장 지났다가 다시 돌아오는가　　忽過短墻去復還

또
又

어찌 인간에서 항상 소년일 수 있으리오	安得人間恒少年
불현듯 기력 쇠함은 원래 하늘의 섭리지	無端衰壯自由天
온갖 강물은 끝내 동쪽 향해 흘러가고	百川之水終東下
한밤 별은 모두 북극성 향해 매달린다오	一夜以星共北懸
누대 두른 댓잎에 아침 이슬 드리우고	擁樓竹葉垂朝露
담장 밖 버드나무는 저녁 안개 간직했는데	隔屋楊枝貯夕烟
강가 성에 날이 가물어 마음에 걸리기에	江城日旱關心事
근심 달랠 길 없어 암자 가에 앉았다네	遣懷沒計坐庵邊

뜨락의 버드나무를 읊다
吟庭下柳

도연명이 떠난 뒤로 알아주는 이 드물어	一去陶潛但少知
지금까지 천년 동안 나뭇가지만 늘어졌다[55]	至今千載短長枝
사람에게 말 없지만 공연히 자태 드리우고	向人不語空呈態
헤어져도 정 많아 저절로 그리움 생기는 듯	拂袖多情自有思
어린잎은 한가히 앉은 곳에 바람 보내고	嫩葉送風閑坐處
버들개지는 홀로 거닐 때에 눈이 나부끼듯	遊絲飜雪獨行時
파직罷職하고 남은 회포 어디에다 쏟았던가	見罷餘懷何處瀉
종이 가져오라 아이 불러 번번이 시 썼으리라	呼兒覓紙輒題詩

수신사修信士[56]를 대하여 읊다
對修信士吟

앞길을 손꼽아 보니 머나먼 천 리 길	屈指前程千里遐
영남 5월에는 들판에 꽃이 피었네	嶺南五月野開花
스스로 백성에게 단비 적신다 하여	自謂生民沾雨露
산수에 든 고질병 도리어 꺼려 하지	還嫌痼疾在烟霞
험한 협곡에 물소리 더욱 우렁찬데	峻嶒峽谷泉逾響
깨끗이 씻긴 듯한 절 해 쉬이 지네	淨灑紺園日易斜
세 치 혀 놀려 외딴 곳[57] 조화케 하니	三寸舌搖和絶域
조정은 이 덕분에 나라 안정시키네	朝宗賴此鎭邦家

우연히 읊다
偶吟

산 그림자 차츰 길어져 낮 시간 나뉘는데	山影浸尋晝刻分
솔 울타리에 흰 구름 두르는 걸 바라본다	漸看松籬帶白雲
차 찌는 향기는 이웃 절에서 풍겨 나오고	蒸茗氣從隣寺出
종 치는 소리는 먼 암자에서 들리는데	打鐘聲隔遠庵聞
제비 한 쌍 날아가며 함께 짝을 이루고	一雙燕飛同作匹
뜰 가득한 새 흩어졌다 홀연 무리 짓는구나	滿庭鳥散忽成羣
우리 그대에게 신선 연분 맺어 가지고	寄語吾君仙分結
명산 곳곳마다 글 논하자 소식 전한다오	名山隨處更論文

부산 이연린李蓮隣과 읊다
與釜山李蓮隣吟

이별한 뒤에 해가 지나 몹시 아쉬웠는데	一別經年最恨多
지금 다시 만났으니 마음이 어떻겠는가	及今重會意何如[1)
봄철 내내 병이 일어 아득한 꿈 꾸었기에	病起三春成遠夢
반나절에 시 이루자 큰 소리로 노래하네	詩成半日發高歌
세상 인정 두루 겪고는 술잔 주고받으며	世情閱歷相酬酢
글맛 맑고 한가하여 서로 읊고 화답하지	詞味淸閑共唱和
그대에게 묻건대 여기 안개 노을 족하니	問君此地烟霞足
풍운을 수습하여 몇 번이나 지낼 만한가	收拾風雲幾度過

---

1) 옐 '何如'는 운이 맞지 않으므로 '如何'가 되어야 한다.

염念 학인[58]을 보내며
送念學人

그대 보내는 이곳 구름과 안개 흩어져　　送君此地散雲烟
마음대로 떠나니 매이지 않은 배 같구나　　行利任如不繫船
서풍은 절 뜨락에 불어 국화 곱디곱고　　西風庭院娟娟菊
가을 물은 연못에 고여 연꽃 맑디맑은데　　秋水池塘淡淡蓮
오늘 아침 말을 다하지 못해 슬프거니　　怊悵今朝言未盡
정녕 다른 밤 꿈속에서 서로를 이끌겠지　　丁寧他夜夢相牽
만남과 헤어짐은 원래 정해진 일 없어　　離合元來無定所
어디에서 다시 인연 맺을 줄 알겠는가　　不知何處更因緣

벗을 만나 읊다
逢故人吟

선루禪樓는 씻은 듯하여 티끌 없이 깨끗한데	禪樓蕭洒淨無塵
강가 다리에서 헤어져 꿈만 자주 꾸었다	送別河橋夢相頻
혜원惠遠은 늘그막까지 결하結夏[59]에 깊었고	惠遠晚來深結夏
도연명은 돌아가서 몇 번이나 봄 보냈던가	淵明歸去幾經春
비 온 뒤에 날리는 폭포소리 더욱 급하고	雨餘飛瀑聲猶急
단청한 누대 앞산은 보니 더욱 청신한데	畵樓前山更看新
푸른 등불에 5경까지 시 짓느라 애쓰니	靑燈五夜緣詩苦
흰 달 하늘에 떠올라 냉기 몸에 스미는구려	白月升空冷透身

또
又

바윗길 험준하여 풀을 밟고 지나가니	石逕崎嶇踏草行
산 이내에 바다 장독瘴毒 말끔히 개었다	山嵐海瘴入新晴
온갖 법 공空으로 돌아가 실체 없기에	萬法歸空無實故
평생이 꿈 같아 헛된 명성 부끄럽구나	百年如夢愧浮名
이별한 뒤 몇 년을 아득한 꿈 꾸었던가	分手幾年勞遠夢
오늘 밤 자리하여 지난 일 이야기하네	並席今夜話平生
어떡하면 깊은 숲에서 함께 결사 맺어	安得雲林同結社
흐르는 물에 옷 빨고 이 마음 맑힐거나	滌衿流水此心淸

송별
送別

빈산에 해 길고 물 유유히 흐르는데　　　山空日永水長流
들판 나무 푸릇푸릇하니 옛 고을일세　　　野樹蒼蒼是古州
서글피 개울가 다리에서 헤어진 뒤에　　　悁悵溪橋相送罷
몽혼夢魂은 달 높이 뜬 누대에 있으리라　　　夢魂應在月高樓

우연히 읊다
偶吟

초목이 조락凋落하여 절 그윽하지 않지만	草樹彫零寺不幽
사람 만나 옛이야기 하니 맑은 놀이로다	逢人話舊卽淸遊
시선詩仙이 지금 삼천세계에 이르셨는데	詩仙今到三千界
민둥머리로 헛되이 50년 세월 보냈구려	禿髮虛經五十秋
제 한평생만 고해苦海 멀리 벗어나도 되는데	祇合一生迢苦海
무슨 까닭에 부처님들 자비의 배 다루는가	何因諸佛運慈舟
절간 적막하고 바람에 눈발 날리는데	空門寂寂風吹雪
세월 잠시도 머물지 않고 가니 슬프구나	怊悵年華不暫留

또
又

산 높아 구름 낀 나무 멀리 하늘 닿았는데	山高雲樹遠連天
머리 돌려 보니 푸른 바다가 바로 눈앞이네	回首蒼溟卽眼前
골 가득한 맑은 이내에 아침 해 떠오르자	滿壑晴嵐來曉日
산에 오른 나그네는 한가로운 시간 보내지	登山遊客送閑年
참신하고 고운 글 멀리서 얼마나 들었던가	幾度遙聞新麗藻
지금에 와서야 함께 깨끗한 인연 맺는다네	今來共結淨因緣
만났지만 이별의 근심 일어나니 어이하랴	相逢其奈離愁起
돌아갈 길 바라보니 안개만 짙게 깔렸구나	却望歸程一色烟

중춘의 즉흥시
仲春卽事

아득한 강가의 백로는 모래밭에 머물고	江天漠漠鷺停沙
저녁 새들은 옛 주인집 찾아 날아가지	暮鳥相尋舊主家
앞 시내 뒷동산에는 풀이 갓 돋았건만	前溪後岸纔生草
골마다 산마다 아직 꽃피지 않았구나	萬壑千山未見花
심정은 물 같아 그칠 날 찾기 어렵고	心情似水窮難得
부귀는 뜬구름 같아 꿈조차 아득할세	富貴如雲夢亦賒
한평생 손꼽아 보니 지금 반 지났는데	一生屈指今過半
절에 부끄럽게 도道의 싹 보이지 않네	釋院空慚昧道芽

또
又

게으른 마음 배를 띄운 듯 흔들려	懶心不定似浮舟
밤낮으로 넘실넘실 먼 섬 향해 가네	晝夜滔滔向遠洲
두견새 우는 소리에 봄 정 알았고	一聲杜宇春情得
매화꽃 만 그루 뜻을 맺어 찾았다네	萬種梅花結意求
남은 세월 겨를 없는 것 아니지만	餘生日月非無暇
세속 천지 노니는 걸 귀히 여기네	浮世乾坤貴及遊
부슬부슬 내리는 비는 시절 아는지	濛濛霪雨知時節
어느새 계곡물 더하여 넘쳐흐르네	頃刻添溪漲溢流

또
又

봄이 오니 꽃나무 그윽한 향기 두르고 　　春來花木帶芬芳
길건 짧건 자연대로 고운 햇빛 향하네 　　長短守天向艷陽
어젯밤 빗소리 들리고 바람 거세더니 　　昨夜雨聲風正惡
오늘 아침 맑은 기운에 햇살 아름답네 　　今朝晴氣日初良
평생 자리 옮겨 다니는 것만 사랑하여 　　半世惟憐移去地
내 생애 가장 기쁜 건 취해 노는 자리 　　此生最喜醉遊場
시와 글 탐욕스럽게 보고 번민을 풀고 　　貪見詩書須撥悶
명예와 이익 구하려고 글 짓시 않는다오 　　不求名利爲文章

또
又

좋은 날 맞아 꽃을 찾아 산언덕 마주하니　　勝日尋芳對岸容
옛날 동산에 꽃과 새 한창 봄을 만났구려　　古園花鳥正春逢
구름 깊어 괴이한 돌 웅크린 호랑이 같고　　雲深怪石如蹲虎
세월 오래되어 늙은 소나무 누운 용 됐지　　歲久老松作臥龍
한 구절 깊은 담론談論에 수놓은 비단 생기고　　一句玄談生錦繡
석 잔에 호협豪俠한 기운 일어 시구가 나오니　　三盃豪興出詞鋒
평생을 끝내 이와 같이 보낼 수만 있다면　　百歲終能如此過
명산 어느 곳인들 서로 따르지 않겠는가　　名山何處不相從

죽순을 먹다
食筍

소찬素饌[60] 가운데 맛이 으뜸일세	於素饌中爲味初
본래 입에 맞아 나물 반찬보다 낫구나	由來恔口過茹蔬
뿔 같은 새순은 비바람 몰아친 뒤 돋고	牛羊角出風雷後
얼룩덜룩 껍질은 안개비에도 남아 있지	虎豹皮存霧雨餘
맹종孟宗에 감동해야 눈밭에 죽순 자라고[61]	感有孟宗雪裡筍
왕상王祥처럼 이름나야 얼음 앞에 물고기 있다오[62]	名同王祥氷前魚
사람들 만일 비범한 사물 묻는다면	人來若問非凡物
멀리 옛 동산 가리켜 그만을 찾으리라	遙指古園但要渠

삼진날 다음날 성암聖庵에서 밤에 이야기하다
上巳翌日聖庵夜話

앞서 놀던 일 못 끝냈는데 또 밤 되었기에	未了前遊復夜開
등불 깜빡거리며 시 짓는 재주 재촉한다	燈火耿耿促詩才
산 비어 만뢰萬籟 소리 구멍에서 생기고	山空萬籟聲生竇
은하수 맑아 하늘의 달 누대에 떠오르는데	河淨中天月上臺
90일 봄이 게으름 부리다 지나가니	九十日春慵裡過
천 가지 만 가지 일이 소리 없이 찾아오네	百千萬事靜中來
어떡하면 마음 같은 자신 알아줄 벗을 만나	那得同心知己友
가슴 가득한 회포 술잔에 떠나보낼거나	滿腔懷抱送於盃

봄날 산중에서 즉흥적으로 읊다
春日山中卽事

앞에 놓인 봄날 많이 남지 않았는데	當前春日不多餘
배앓이에 어떤 이가 안부를 묻는구나	腹痛有人問起居
바른 음악은 「주송周頌」 「노송魯頌」⁶³ 보아야 하고	雅樂須看周魯頌
뛰어난 인재는 『한서漢書』『당서唐書』에 실려 있지	英才布載漢唐書
높이 베개 베고 나니 꾀꼬리 울어대고	百囀黃鸝高枕後
누대 기대고 서니 흰 나비 한 쌍 나는데	一雙粉蝶倚樓初
봄바람에게 복숭아꽃 살구꽃에 달 뜰 때	寄語東風桃李月
산에 올라 시 지으면 어떻소 말을 부친다오	登山作賦興如何[1]

---

1) 옙 '如何'는 운이 맞지 않다. '何如'가 되어야 한다.

초여름에 여러 벗을 만나 읊다
早夏逢諸益吟

골마다 바람과 안개 가득하여 얼굴 드니	滿壑風烟一擧顔
가슴이 씻겨 참으로 잠시 한가함 얻도다	盪胷眞得暫時閒
예부터 동래東萊는 경치 빼어난 곳이라 하여	從古萊州云勝地
지금까지 부처님 모신 절 있는 명산이지	如今梵刹是名山
졸졸 흐르는 찬 샘물 바위 밑에서 솟고	細脉寒泉生石底
천 가닥 옛날 길은 숲 속을 뚫고 지난다	千條古路透林間
봄 보내는 일 위로하느라 황매黃梅 익었는데	送春慰有黃梅熟
하안거 든 동산에 새들 자유로이 오간다	結夏園禽自徃還

수사水使 정석정鄭石汀과 읊다
與鄭水使石汀吟

차가운 귀뚜라미 소리 그윽한 터에 울려	寒聲蟋蟀動幽墟
은촛대 높이 걸어 놓으니 관아인 듯하오	銀燭高懸官閣如
오늘 저녁 반쪽 게송 말하기에 마땅하니	今夕便宜談半偈
어느 해에 말미 내어 뭇 책을 볼거나	何年借暇閱羣書
앞 시대의 옛 절 승려는 탈이 없고	前朝古寺僧無恙
어디나 계신 제천諸天께선 날마다 여유 있는데	切地諸天日有餘
누대 기대어 서서 청산 빛을 바라보니	憑樓一望靑山色
가을 기운 주렴에 생겨 나무마다 성글구나	秋氣生簾萬木疎

영산팔상
靈山八相[64]

[1] 도솔래의兜率來儀

신이 도솔천에서 내려오자 하늘 꽃 흩으니	降神兜率散天花
마야 부인 절로 아름다운 꿈 꾸었다오	自有摩耶惠夢佳
과거 세상에 복덕 닦은 힘이 아니라면	宿世若非修福力
어떻게 자취를 전륜왕가轉輪王家에 맡기겠는가	如何托跡轉輪家

[2] 비람강생毘藍降生

아홉 용이 물을 토해 황금빛 몸 씻으니	九龍吐水洗金身
많은 겁을 살면서 깨끗한 인연 맺었다오	多劫生來結淨因
비록 동자 되어 땅에서 소꿉장난 하지만	雖居童子遊戲地
끝내 도사導師 되어 몇 사람이나 건질까	終作導師度幾人

[3] 사문유간四門遊看

문 나서는 수레는 굴러가는 듯한데	出門車馬似轉圜
덧없음 기억하며 서글피 돌아왔다오	記得無常却悵還
어느 대인께서 지시하는 힘 덕분에	賴有大人指示力
세상이 꿈속인 줄 비로소 깨달았지	塵寰始覺夢魂間

[4] 유성출가逾城出家

봄바람에 말 달리니 길은 멀기만 한데　　策馬春風道路長
성곽을 빠져 나와 옛 궁궐 잊어버렸다오　　出城忘却舊宮墻
황금 칼로 머리카락 잘라 산사슴 무리에 끼니　　金刀落髮叅山鹿
첩첩이 구름에 싸인 봉우리는 내 집일세　　萬疊雲峰是我居

[5] 설산수도雪山修道

세상일은 구름 같아 모두 실체 없기에　　世事如雲都是空
참깨 한 알만 먹어도 즐거움 다함없지　　一麻一食樂無窮
고행 두루 닦아 끝내 도를 깨달았으나　　歷盡苦行終悟道
온 세상 여전히 환구幻漚[65] 중에 있구나　　四面猶在幻漚中

[6] 수하항마樹下降魔

법왕의 눈 아래 물건에 다를 것 없나니　　法王眼下物無班
어찌 요사한 것들 간사함 부리겠는가　　那得羣妖敢肆姦
끝내 마구니들 귀의하여 복종할 것이니　　畢竟諸魔歸攝伏
교화되면 모두가 예부터 아는 얼굴이네　　化來摠是舊知顔

[7] 녹원전법鹿園轉法

아름다운 녹야원鹿野苑 법을 전할 계단 되기에　　好是鹿林轉法階
다섯 사람 먼저 제도하리라 마음 두었다오　　五人先度本心懷
여래의 흥기興起는 자비 항해의 힘 넉넉하여　　如來興足慈航力

뭇 미혹된 무리를 생사 언덕에서 건지시지   運渡羣迷生死涯

[8] 쌍림열반雙林涅槃

교화 인연 끝나자 텅 빈 관을 보이시며   化緣已畢示空棺
법을 가섭에게 전하시고 열반에 드셨다오   傳法飮光入涅槃
황금 몸은 파괴되지 않으니 어찌 소멸하랴   金身不壞何曾滅
오탁악세五濁惡世 중생 가까이하기 위해서라네   却爲濁世衆生親

성암成庵 선생 행헌行軒에 드리다
奉呈成庵先生行軒下

세상 처해서도 바른 은거隱居[66] 가능하여 　　處世尙能正遂初
2년 동안 동래 바닷가에 편안히 머무셨다 　　二年蓬海可安居
천 리 길 멀리 유람하는 임하林下의 나그네 　　千里長遊林下客
책상 위에는 백가百家 서적 한가히 쌓여 있지 　　一床閒積百家書
가고 가도 보이는 이 없어 흐르는 물 같고 　　去去無人流水似
다니고 다녀도 매이지 않아 흰 구름 같구나 　　行行不繫白雲如
절에서 아쉬운 이별이 오늘 아침 일인데 　　空門惜別今旦事
못 다한 정 남아 잠시 수레를 멈추시누나 　　猶有餘情暫住車

본부本府의 사군使君을 송별하며
送別本府使君

나그네 보내는 공문空門도 세상 인정인데	送客空門亦世情
동풍 부는 역 길에 말 발걸음 가볍구나	東風驛路馬蹄輕
새벽에 향기로운 등불 절간을 밝히고	五夜香燈通佛宇
하늘 가득한 맑은 기운 봄 성을 둘렀는데	滿天淑氣繞春城
인끈 풀고 조정 가니 빠른 걸 한하고	解印還朝猶恨速
갈림길에 작별하니 몰래 시름 생기는구려	臨岐惜別暗愁生
이제 가면 은대銀臺[67] 되는 줄 알지만	縱知此去銀臺許
남방에는 선정의 명성 다시는 없으리라	更無南方幾政聲

본 고을 원님을 이별하며
奉別本倅

동래 읍에서 3년을 관아에 앉았더니	蓬邑三年坐政堂
공무公務의 호령 엄숙하여 추상같이 진동했다	公門令肅動秋霜
타향도 두려워 복종하여 견줄 이 없었으니	殊方畏服曾無比
바닷가 편안하고 한가하여 다시 빛이 난다	海國安閒更有光
오늘의 여론은 나라의 주춧돌로 간다 하니	此日物論歸柱石
지금 사람들의 기대는 조정에 있을 것이요	當時人望在巖廊
문옹文翁께서 가신 뒤에도 남겨진 교화 있어	文翁去後遺風在
은택이 산야에 미쳐 들판의 벼 누르리라	澤及林泉野稻黃

본 고을 원님을 모시고
奉陪本倅

낙엽 진 산방에 한 해 저물어 가는데　　　　　木落山房歲暮侵
눈보라 날마다 불어와 옷깃을 펄럭인다　　　　雪風連日動衣衿
한 세상 높은 이름을 비석 위에다 새기고　　　一世高名題石面
천 가닥 작은 길 반계磻溪의 마음[68]에 들였다오　千岐細路入溪心
눈에 가득한 차가운 빛에 하늘은 아득하고　　　滿目寒光天渺渺
허공에 빗긴 삭풍으로 한낮에도 어둑한데　　　橫空朔風晝陰陰
뜰에 매화 핀 절 모습과 사뭇 다르기에　　　　梅堂梵宇雖懸隔
지난날 함께 노닐던 생각 금하지 못하겠구려　憶昨隨遊意不禁

또
又

단풍잎에 서풍 불 제 귀한 사람 이르시니	霜葉西風到貴人
글과 술만 가지고도 더욱 서로 친하네	只將文酒更相親
골 가득한 안개와 노을은 사랑할 만하고	滿壑烟霞堪可媚
동산에 핀 단풍 국화는 가난을 모르지	一園楓菊不知貧
높은 산에서 가을밤 함께 달구경하고	高山秋夜同看月
외진 골 솔 우거진 길에 또 손님 보내는데	僻洞松程又送賓
바다 갈매기는 찬 소리로 계절 재촉하니	海鷗寒聲摧節物
공문에서 세월 급한 줄 갑자기 깨달았소	空門頓覺歲華頻

수사 정석정과 해운대를 읊다
與鄭水使石汀吟海雲臺

가을 풍경 담박하여 바다에 구름 없는데	秋容淡泊海無雲
풍악 소리 울려 퍼져 양쪽 언덕에서 들리네	簫鼓中流兩岸聞
관가 배는 높아 누대 위에 앉은 것 같고	官舶高如樓上坐
시골 마을 멀어 거울 속에 든 것 같구려	村家遙入鏡中分
아득한 푸른 물길 파도가 천 리에 이는데	滄茫水路波千里
깨끗한 모래밭에는 갈매기 한 무리 있네	的歷沙場鷺一羣
누대는 남아도 사람은 떠나 옛 자취 되니	臺存人去成陳跡
이날 서풍 맞으며 원님과 함께 보낸다오	此日西風共使君

또
又

먼 포구에 외로운 배 가벼이 떠 있고	極浦孤舟一葉輕
갈대 우거진 10리에는 저녁 안개 이네	蒹葭十里暮烟生
만 이랑 사나운 물결에 바다 기운 통하고	萬頃鯨波通海氣
온 들녘 벌레 울음에 가을 소리 동요하는데	四郊虫語動秋聲
한바탕 시 읊고 화답하니 정신 장쾌하고	一場唱和神還壯
석 잔 술에 즐거워하니 술 깬 뒤에도 맑구려	三酌歡娛酒後淸
이 삶 가는 곳마다 강호의 즐거움 누리니	此生隨處江湖樂
한 쌍의 갈매기 있어 옛 맹세 잇는도다	猶有雙鷗屬舊盟

중양절에 우연히 읊다
重陽偶吟

좋은 계절 인간에 그리운 것 있는데	佳節人間有所思
올해는 9월 되어도 국화가 더디 피네	今年九月菊花遲
책 펴면 참으로 옛 벗을 만난 것 같고	開卷眞如逢舊友
사람 대하면 새 시를 말하느라 기쁘지	對人猶喜說新詩
한거하며 세월 보내는 일 누가 잘하리오	居閒消世誰能得
세속 따라 명성 구함도 스스로 모른다오	隨俗求名自不知
도업道業을 이루고자 하나 세월 헛되이 가고	欲成道業年空去
귀밑머리에 무단히 흰머리 드리워졌구나	兩鬢無端白髮垂

수사 정석정을 이별하며 드리다
贈別鄭水使石汀

아득한 누런 구름 어둑하게 변방 가렸는데	漠漠黃雲暗塞方
하늘가에서 이별하니 마음 더욱 아프다	天涯此別倍心傷
한 줄로 말을 타고 가니 고향 산천 멀어지고	一行鞍馬家山遠
8월에 깃발 펄럭이니 역마 길 멀기만 한데	八月旋旗驛路長
흐르는 세월에 사직 붙들 이 어찌 잊겠는가	流世豈忘扶社稷
벼슬 살면서도 완숙한 문장 등지지 않았다오	居官不負老文章
2년 동안 치적으로 변경의 문 고요하니	二年治績邊門靜
오랑캐 피리 부는 소리에 물 기운 푸르구나	羌笛聲中水氣蒼

구일九日에 나그네와 읊다
九日與客吟

노란 국화 좋은 계절 놀기 싫지 않은데	黃菊佳辰不厭遊
온 숲 서리 맞은 낙엽에 세월 흐른다	千林霜落歲華流
먼 나그네 시를 가지고 함께 결사 맺으니	遠客携詩同結社
외론 구름 봉우리에서 나와 섬으로 흘러가네	孤雲出岫更移洲
산촌에는 해 저물어 집마다 다듬이질하고	山村日暮家家杵
바다에는 기러기 울며 곳곳마다 가을인데	海國鴻鳴處處秋
지금에 별다른 흥취 없다고 하지 말라	莫道今來無別趣
고향의 단풍 든 경치 사람 발길 잡는다오	故園楓景使人留

우연히 읊다
偶吟

높은 대에 올라 강가 마을을 바라보니	高臺一上望江鄉
창 같은 구름 낀 산 하늘 끝에 닿았네	似戟雲山接大荒
경쇠 소리 멀리 풍죽風竹 소리 더하고	金磬遙添風竹韵
돌계단에는 꽃비가 향기롭게 흩날리네	石階飛散雨花香
동구에 덩굴 드리우고 샘 졸졸 흐르며	洞口垂蘿泉脈細
문 앞 늘어진 버들에 갈림길이 길구나	門前斜柳路岐長
밤 깊어 솔창에 온갖 생물이 고요한데	夜久松窓羣動定
영롱한 밝은 달 하늘 꼭대기에 떴도다	玲瓏朗月到上方

중추절에 옛 친구와 함께 읊다
仲秋與故人吟

숙야叔夜[69]는 일생 동안 술을 몹시 사랑하여	叔夜一生愛酒偏
마음 풀어 놓고 한가히 흐르는 세월 보냈지	放情疎散送流年
옛사람 따라 꿈속으로 함께 돌아가려 한다면	從古人同歸夢裡
지금 누가 술동이 앞에서 취하지 않겠는가	如今誰不醉樽前
중양절重陽節 가까이 다가와 가을은 반이 되었는데	重陽在近秋猶半
8월 중순에도 국화는 활짝 피지 않았구나	八月居中菊未全
시절은 풍년 들어 온 나라 즐거워하니	歲有豊登朝野樂
소 치는 아이 젓대 불며 산골 밭 지난다	牧童橫笛過山田

본 고을 원님이 산성山城 떠나는 것을 전별하며
餞別本倅去山城

유달리 기이한 경치 그림 그린 듯한데	特地奇看若畫成
원님 이별 잔치하느라 산성에 이르렀다	使君餞別到山城
날 저물자 솔가지에 천학天鶴 내려앉고	日暮松枝天鶴下
향기는 사원에 일렁이며 향 연기 솟는데	香飄塔院篆烟生
골짜기 어귀의 뜬구름 새를 따라가고	谷口浮雲隨去鳥
산 중턱 나긋한 버드나무 바람에 가볍구나	峯腰弱柳向風輕
서글피 정상에 올라 고개 돌려 바라보니	悵登節頂回頭望
뿔피리 소리 흐르는 물과 함께 흘러가네	畫角共歸流水中

나그네를 보내다
送客

절에서 나그네 보내니 슬픔 많고도 많아　　　　桑門送客悵紛紛
빈말이라도 구해 보지만 들을 수 없구나　　　　求是空言不可聞
골 외져 이정離亭[70]에서 가는 길 근심하고　　　洞辟離亭愁去路
가을 서늘하여 옛 절에 뜬구름 끊어졌는데　　　秋凉古寺絶浮雲
맺은 우정 어찌할 길 없어 시 지어 읊고　　　　交情無奈題詩韻
오랜 교분 잊기 어려워 헤어짐에 손잡는다오　　宿契難忘執手分
산방에서 얼마나 시인 지나는 걸 보았던가　　　山房幾見騷人過
힘찬 필세筆勢로 잘 쓰는 그대 같은 이 드물다　健筆能書小似君

봄날 옛 친구와 읊다
春日與故人吟

동산의 새 소나무의 학은 절로 이웃하는데	園禽松鶴自爲隣
꿈 같은 뜬 인생 몇 번이나 봄 보냈던가	若夢浮生幾送春
나이 쉰 넘겼는데 무슨 일 구하겠는가	年逾五十求何事
절기는 삼복더위 지났건만 이 몸 건장하지	節過三庚健此身
푸른 대숲 그늘 드리워 더위 쫓을 수 있고	翠竹垂陰能却暑
흰 구름 흐르는 물은 본래 티끌 한 점 없구나	白雲流水本無塵
가을볕 맑고도 맑아 한 해의 일 재촉하는데	秋陽淑淑催年事
기쁜 건 산중에서 다시 그대를 만난 일이로세	唯喜山中再見人

나그네를 대하여 읊다
對客吟

8월의 단풍 든 숲은 더딘 게 아니어서	八月楓林不是遲
국화꽃 피지 않았건만 만날 약속 띠었다	未開叢菊帶幽期
술 허락한 원 공遠公은 결사 맺은 적이 있고[71]	許飮遠公曾結社
가을 만난 송옥宋玉은 다시 슬픔 견디겠지[72]	逢秋宋玉又堪悲
정계淨界에서 상심함은 사람 떠난 뒤요	淨界傷心人去後
빈산에 경쇠 소리 울린 건 나그네 올 때	空山落磬客來時
달 밝은 좋은 밤에 그대 그리는 꿈 꾸니	明月良宵通憶夢
타관 어디엔들 서로 생각하지 않겠느뇨	關河何處不相思

부산 이연린과 함께 읊다
與釜山李蓮隣共吟

꾀꼬리 한 쌍 소나무 계곡에 내려앉았는데	一雙黃鳥下松溪
벽옥 빛 전각 안개 깊고 해 벌써 기울었네	碧殿烟深日已西
울타리 대나무 여름 지나자 하늘에 뻗었고	籬篁經夏連空直
달은 사람 찾아와 문으로 나직이 들어오네	夜月尋人入戶低
내 재질 노둔魯鈍한데도 어울리는 게 부끄럽고	愧我追遊才質魯
그대의 글재주는 겨루기 어려운 게 부럽소	羨君文筆弟兄齊
신라 때 지어진 옛터를 물을 곳이 없기에	羅代古基無問處
당시에 돌로 만든 닭만 남아서 울고 있다오	當年惟有石鷄啼

또
又

이 사람 애초에 초당草堂에서
풍경을 보려고 마음먹고 왔네
오늘 아침 송별인 줄 알았다면
어젯밤 취하도록 마셨을 텐데

之子當初自草堂
欲看風景作心行
早知送別今朝在
恨不前宵醉飮長

우연히 읊다
偶吟

산 남북으로 길은 점점 기울어 가는데	山南山北路轉斜
흰 구름 두른 곳에 범왕梵王 모신 집이 있다오	白雲中有梵王家
바닷가에서 바람 부니 대나무 잎 떨리고	海岸風來搖竹葉
강가에 기러기 내려앉으니 갈대꽃 날리지	江天鴈下發蘆花
뜻밖의 좋은 밤 모임 없는 게 아니건만	非無不意良宵會
나그네와 좋은 술 한없이 마시기 어렵구려	有客難謀好酒賒
가을 풍경 담박하여 티끌 없는 경계인데	秋容淡泊無塵界
계곡 물은 골짜기 집 노을과 함께 흘러가누나	溪水同流洞宇霞

본부의 장연호와 읊다
與本府張蓮湖吟

해 저물자 외딴 암자에 객이 사립문 두드리니	日暮孤庵客扣扉
예전 놀던 일 추억에 마음이 아득해지네	遙憶前遊意杳微
늙은 지경 되자 발우 하나 전할 사람 없지만	老境無人傳一鉢
일찍 부처님께 귀의해 옷 세 벌에 만족했지	早年投佛足三衣
좋은 계절 술잔 자주 기울이길 바라지 않으나	不求佳節傾盃數
절에서 송별하는 일 드물기만 바랄 뿐이로세	只願空門送別稀
궁핍과 영달은 본래 하늘이 내린 것이기에	窮達由來天所賜
뜬 인생은 흠 난 세계에서 어긋난 일 많았다오	浮生缺界事多違

또
又

세밑에 사립문에서 나그네 맞이하니	歲暮荊扉爲客迎
뜰에 핀 꽃 몇 송이는 이슬 띠어 밝구나	庭花數朶帶霜明
산 위의 붉은 단풍잎은 절만 한 데 없고	上方紅葉無如寺
굽어보니 푸른 안개에 성이 멀지 않네	下視靑烟不遠城
높은 산 바다에 통하니 돌아가는 배 멀고	山高通海歸帆遠
늙은 학은 소나무에 깃들어 깃털 날리는데	鶴老捿松落羽輕
옛일 함께 말할 사람 없음을 슬퍼하니	惆悵無人同話舊
그대와 억지로라도 문밖을 나서야겠구려	與君强作出門行

또
又

만나서 노니는 일 여러 해 못 했는데	逢遊不得數年中
노란 국화 좋은 때에 범궁梵宮에서 만났네	黃菊佳辰會梵宮
옛 절은 가을 깊어 비 지나간 듯하고	古寺秋寒疑過雨
빈산의 나무 고요해 바람 없는 듯	空山樹靜若無風
옅은 구름 골짝 나와 드문드문 떠가고	弱雲出洞連還斷
늙은 잎은 서리 지나자 푸르고 붉구나	老葉經霜翠且紅
요사이 저녁 경치를 말할 사람이 없더니	晚景近來無與說
사람이 성 동쪽에서 이제 찾아왔구려	有人今到自城東

우연히 읊다
偶吟

작은 골짝 꽃을 찾아가니 대나무 둘렀는데	小洞尋芳竹樹圍
동산에 있는 뭇 새들은 사람 향하여 난다	園中群島¹⁾向人飛
강남에서 꽃구경 하던 벗들 지금 별 탈 없는가	江南花伴今無恙
서울의 시선詩仙은 아직도 돌아가지 않았다오	洛下詩仙尙未歸
회합은 매번 따르지만 때가 함께해야 하고	會合每從時共得
경륜은 여전히 있지만 세상은 어긋나려 하는구나	經綸猶在世將違
찬 산에서 한참을 앉았자니 술기운 많은데	坐久寒山多酒力
동풍 세차게 불어와 나그네 옷을 펄럭인다	東風拂拂動行衣

---

1) ㉠ 필사본에는 '鳥'로 되어 있다. 번역은 필사본을 따랐다.

본부의 한설초와 읊다
與本府韓雪初吟

4월 맞은 빈산에 풀빛이 깊은데	四月空山草色深
흰 구름 절 안에 늘 감돌고 있네	白雲長在寺中心
여기 풍경이 좋은 것을 어찌하나	無奈此間風景美
문에서 찾아온 야인野人 맞고 보내지	門前迎送野人尋

우연히 읊다
偶吟

푸른 담쟁이 석벽에 솔바람 소리 어지러운데	蒼藤石壁亂松音
빈 마루에서 귀뚜라미 소리 물리게 듣는다	厭聽空堂蟋蟀吟
선연仙緣에서 세 밤 묵고자 했더니 며칠 지났나[73]	三宿仙緣經幾日
시본詩本을 한번 보는 데 천금千金이나 나가는구나	一看詩本低千金
세간의 남들은 좋은 청춘 시절 맞았지만	世間物有靑春好
거울 속 사람은 늘어나는 백발을 아파한다오	鏡裡人傷白髮侵
남은 인연 허락하고 함께 결사 맺는다면	若許餘緣同結社
세속의 잘나고 못남을 구름 낀 숲에 맡기리라	塵寰長短寄雲林

우연히 읊다
偶吟

푸른 계곡의 모래는 희고 물은 맑아	碧溪沙白水澄湛
고요히 앉아 향 사르고 경전 본다네	靜坐消香閱寶函
봄 안개 경치는 보아도 다함이 없고	一春烟景看難盡
우짖는 동산 새 모른 체하기 어렵지	百舌園禽難未諳
달리는 듯한 시간에 사람 늙어만 가고	光陰如走人將老
세월 속절없어 달이 세 번 지났구나	歲色無端月已三
동산의 꽃과 풀이 푸른 계절이 좋아	好是園花芳草節
지팡이 짚고 동남쪽 길 두루 다니네	杖屨遍踏路東南

본 고을 원님을 모시고
奉陪本倅

중양절에 노란 국화는 그윽한 정 폈는데 　　　重陽黃菊暢幽情
원님 송별하느라 변화로 된 성[74]에서 묵는다 　　送別使君宿化城
산의 나무는 잎 성글어 가을빛 저물어 가고 　　山樹葉踈秋色暮
바닷가에 서리 내려 기러기 소리에 놀라지 　　海天霜落鴈聲驚
돌우물[75]에 물고기 노닐어 옛 자취 남았는데 　　石井魚遊留古跡
의상대에는 사람 떠나고 이름만 남았구나 　　湘臺人去但虛名
다섯 마리 말[76] 진흙투성이 길로 되돌아가니 　　五馬返還泥濘路
소나무 길 둑의 풍물은 함께 시름겨워하노라 　　松堤風物共愁生

우연히 읊다
偶吟

기럭기럭 울며 천 리 가는 기러기	嗈嗈千里鴈
오후에 먼 하늘을 날아 지나가네	半日過長空
경치 훌륭한 곳에 금찰金刹이 열리어	勝地開金刹
향과 등으로 부처의 집을 비추지	香燈照佛宮
사람은 단풍 그늘 밖에 돌아가고	人歸楓影外
가을바람은 빗소리에 들리는구나	秋颷雨聲中
귀뚜라미는 한 해 일 재촉하는데	蟋蟀催年事
소나무 사립문에 돌 흔드는 바람	松扉動石風

나그네와 읊다
與客吟

천 개의 봉우리에 괴석은 우뚝 솟았는데	千峯怪石立嵬峩
어딜 가나 가을바람 노래 속에 들어오네	處處秋風入賦歌
들집 네모난 연못에는 가을 물이 담겼고	野屋方塘秋水在
산집 소나무 길에는 푸른 이끼 덮였는데	山家松路綠苔多
속세에서 몇 년을 문필의 일 이루었는가	下界幾年成翰墨
산에서 하루 묵으며 안개 물결 희롱하네	上方一宿弄烟波
대궐에서 계수나무 꺾을 날 있을 터이니	桂折天門應有日
청운의 높은 탑에 어찌 오르지 않겠는가	靑雲高塔不躋何

또
又

산 위에 낙엽 날려 나그네들 서로 찾는데	上方搖落客相尋
절 아래 소나무 정자 있는 옛 골은 깊기만 하다	寺下松亭古洞深
가을 기운 한가히 앉은 곳에 스며들고	秋氣橫侵閑坐處
새소리 홀로 가는 숲에 요란히 들리는데	鳥聲亂出獨行林
물고기 노닌 돌우물엔 천년 자취 남았고	石井魚游千年跡
사람 떠난 의상대엔 만겁 마음 남았구려	湘臺人去萬刼心
옷 만들어 주기에 좋은 아름다운 날[77]에	好是授衣佳節日
우뚝한 법당이 구름 그늘에 빛나는구나	崢嶸玉宇彩雲陰

또
又

외론 구름 산정에서 나오고 새 돌아오는데[78]	孤雲出岫鳥知還
단풍 물든 천 개 봉우리마다 울긋불긋하네	楓葉千峰紫翠間
창 앞에는 봄에 심어 놓은 도연명陶淵明의 국화요[79]	窓前春種淵明菊
절 밖에는 가을을 찾는 사조謝朓의 산 둘렀네[80]	方外秋尋謝朓山
내 스무 살의 젊음 헛되이 가는가 근심하여	自疑弱冠年空去
숲 속 나서지 않아도 마음 더욱 한가로웠지	不出林泉意更閒
티끌세상은 진실한 일 없는 줄 기억하기에	記得塵寰無實事
늦도록 지금까지 사람 일 관여하지 않았다네	晚今人事不相關

又

50년 세월을 절 종소리로 떠나보내니	五十年光送梵鍾
온 산은 모두 돌이요 나무 겹겹이 둘렀다	四山皆石樹重重
내 도道가 범을 화해시키지 못해 부끄럽지만[81]	愧我道無能解虎
그대 재주 일찍 등용문 오를 줄 알겠구려	知君才是早登龍
때 묻은 옷깃 흐르는 물가에서 씻어 내고	洗去塵衿流水岸
가을엔 단풍 든 흰 구름 봉우리에 노닌다오	秋來黃葉白雲峰
밤비에 선탑禪榻[82]에서 함께 늦도록 얘기하나	夜雨禪桺[1]同話久
진한 술잔 나눌 길 없어 도리어 부끄럽소	還慚絕乏酒盃濃

---

1) 역 '桺'는 '榻'의 오자인 듯하다.

또
又

8월 가을바람에 풍경은 차츰 바뀌어서	八月秋風景轉行
성긴 주렴에 비 지나자 홀연 냉기 이네	踈簾雨過忽凉生
이별한 뒤 해가 지나 얼굴 알까 했는데	一別經年疑熟面
서로 만나는 날 못 다한 정이 생동하네	相逢有日活餘情
뜬구름 골에서 나와 유난히 희어 좋고	浮雲出洞憐偏白
흐르는 물 못에 돌아 맑은 바닥 보이네	流水廻塘見底淸
누대 기대어 머리 돌려 산 빛 바라보니	憑樓回首看山色
시절 사물 놀랍게도 각기 절로 이루는구나	節物驚心各自成

문文*

---

* 원 '文' 한 글자는 편자가 보충해 넣었다.

동래 범어사 대웅전 불사 유공기 有功紀

동래의 북쪽 20리에 금정산金井山 범어사梵魚寺가 있다. 사적事蹟을 상고해 보면 대당大唐 문종文宗 태화太和 9년 을묘년(835)에 신라 흥덕대왕興德大王이 의상 조사義湘祖師를 위하여 세운 곳이다. 세울 때 규모는 기원정사祇園精舍[83]에 거의 가까워 전각은 별처럼 벌여 있고, 탑묘塔廟는 기러기처럼 나열되어 있으며, 소상塑像은 40법체法體이고, 승료僧寮(승방)는 360채여서 대중을 수천 명이나 수용하였는데, 항상 『화엄경』을 독송하였다. 그 밖의 돌계단과 연석鍊石[84]과 문루門樓가 늘어선 모양은 이루 다 기록할 수 없다. 그러나 흥폐興廢에는 때가 있고 성쇠盛衰는 무상하다. 지금은 여덟 채의 법당과 세 채의 노전爐殿과 일곱 채의 승료와 여덟 채의 암자와 종루鍾樓와 식당과 불이문不二門·천왕문天王門·일주문一柱門 등이 남아 있고, 대중은 합하여 2백여 명뿐이다.

삼가 승사僧史를 살펴보면, 우리 만정각자滿淨覺者[85]께서 도솔천에서 신神으로 내려와 마야摩耶 부인의 태에 들어가 주周나라 소왕昭王 24년 갑인甲寅 4월 초파일에 정반왕淨飯王의 궁전에서 태어났다. 자字는 실달悉達이고, 지위는 동군東君[86]에 거하였다. 태자가 태어난 지 이레 만에 마야 부인은 목숨을 마치고 도리천에 태어났다. 태자 나이 열아홉에 사문四門에 놀러 나갔다가 늙고 병들고 죽는 것은 싫어하고 사문沙門의 몸이 되는 것은 좋아하게 되어 궁중으로 돌아와 한밤중에 성을 넘어 출가하였다. 설산에 들어가 6년 동안 고행을 하고 서른 살이 되자 납월臘月[87] 초파일 밤에 별을 보고 도를 깨달았다. 처음으로 녹야원鹿野苑에 가서 교진여憍陳如[88] 등 다섯 사람을 제도하고 사제법四諦法[89]을 굴렸다. 이에 어머니의 은혜에 보답할 생각으로 도리천에 올라가 90일 동안 하안거夏安居를 하면서 어머니를 위하여 설법하였다.

이때 우전왕優闐王이 여래를 사모하여 대목련大目連을 장인匠人으로 변하게 하여 천궁에 가서 부처님의 상호를 그려 오게 하고는 전단梅檀 향나무로 부처님 상을 조각하여 공양하였다. 이윽고 하안거를 마치고 아래로 내려오자 왕과 신하와 백성들이 모두 가서 부처님을 맞이하니, 그 상은 공중에 떠올라 부처님에게 머리를 조아렸다. 부처님이 그 상의 정수리를 어루만지면서 수기受記하였다.

"내가 멸도滅度한 지 천년 뒤에 너는 진단震旦(동방)에 가서 사람과 천신을 널리 이롭게 할 것이다."

부처님은 세상에 79년을 머무르면서 3백여 회의 설법을 하고 무수한 사람들을 제도하고 목왕穆王 52년 임신년(기원전 950) 2월 15일에 이르러 열반에 들었으니, 지금까지 통계를 내어 보면 모두 2천8백여 년이 된다.

대체로 부처님은 세 가지 몸을 가진다. 법신法身은 원만한 마음으로 증득한 것을 이르고, 보신報身은 온갖 선善으로 얻은 것을 이르며, 화신化身은 연緣을 따라 나타난 것을 이른다. 여래가 멸도한 뒤로 천하의 여러 나라에서 진흙으로 빚거나 나무에 새기거나 모양을 채색하거나 상을 그려서 복을 빌고 죄를 참회하였는데 감응하지 않음이 없었다. 화신만은 멸도함을 보이지만 법신은 항상 머물러 소멸하지 않는다.

본사 대웅전의 후불後佛·삼장三藏·현왕現王·관음觀音·신중神衆 등 대여섯 개의 영정은 조성한 세월이 오래되어 금칠은 변하고 채색은 벗겨졌다. 새로 조성하고자 계획했지만 그럭저럭 시간만 보내면서 결행하지 못했다. 신사년에 절에서 논의가 한번 일어나자 이구동성으로 찬성하였다. 이에 우화雨華라고 하는 대사가 큰 신심을 일으키고 큰 원력을 세워서 사부대중四部大衆[90]의 창도가 되어 그와 뜻을 같이하는 해운海雲과 해산海山 등 대사들과 함께 도내 사찰에 교화를 다니고 절 밖으로는 인근 읍내와 촌락에까지 미쳐서 수천 냥을 얻었다. 그 돈으로 채색을 갖추고 화사畵師를 청하고 석덕碩德을 맞이하였다. 임오년(1882) 정월에 일을 시작하여 3월에 이르러 마쳤으니 찬란한 존상은 우러러보는 사람에게 살아 계신 듯한 생각이 들게 한다.

아, 아름답구나. 지금과 같은 오탁악세五濁惡世에 이런 희유한 일을 보다니. 우전왕이 불상을 조각한 일이 어찌 옛날에만 아름답겠는가? 또 옛날 월주越州 용흥사龍興寺에 대전이 있었는데 대중들이 담언曇彦 선사를 청하여 수리하고자 하였다. 스님은 "이것은 제가 할 일이 아닙니다. 3백 년 뒤에 저절로 옷을 만드는 공덕주功德主[91]가 있어서 이 일을 할 것입니다."라고 하였다. 절의 승려가 그것을 돌에다 새겨 기록하였는데, 당나라 배 상국裵相國[92]이 관찰사가 되어 자신의 봉록俸祿을 희사하여 대전을 수리하였다. 담언 선사가 미래를 예언한 일이 부절符節을 합치는 듯하였으니, 큰일의 인연은 반드시 적당한 사람과 마땅한 때를 기다린 뒤에야 이루어짐을 알 수 있다. 지금 미래를 예언한 일은 없지만 담언 선사의 경우처럼 이 일도 사람과 때가 서로 만나서 그렇게 된 것이 아니겠는가?

하루는 해산海山 대사가 대성암大聖庵 별재別齋로 찾아와 조용히 이야기를 나누다가 나에게 기문記文을 부탁하였다. 나는 말하였다.

"경전에서 '머무르는 바 없이 그 마음을 내라'[93]라고 하였습니다. 또 단월檀越들은 머무름이 없는 마음으로 보시하였습니다. 지금 스님이 기문을 청하시고 제가 쓴다면 경문과 단월들의 본뜻에 어긋나지 않겠습니까?"

스님이 말하였다.

"아, 남의 선을 드러내기 좋아하되 드러내는 데에 무심하다면 이것도 머무름이 없는 게 아니겠습니까?"

나는 "그렇습니다."라고 대답하였다. 마침내 단월들을 판板에 기록하여 후인들이 그것을 보존하고, 그것을 통하여 마음에 생각하고, 송축하여 잊지 않게 하고자 한다.

東萊梵魚寺大雄殿佛事有功紀[1)]

萊之北二十里。有金井山梵魚寺。稽于事蹟。則[2)]大唐文宗太和十[3)]九年乙卯。新羅興德大王。爲義湘祖師所剏也。當時剏制。殆近祇園。殿宇星羅。塔廟鴈[4]列。塑像四十法體。僧寮三百六十。容衆數千。常誦華嚴。其餘階砌鍊石門樓排布等狀。不可勝紀矣。然興廢有時。盛衰無常。今則只有八法堂三爐殿七僧寮八庵子鍾樓食堂。不二天王一柱等門。而衆合二百餘名而已。謹按僧史。顧我滿淨覺者。從兜率降神。入摩耶胎。[5]周昭王二十四年。甲寅四月初八日。生淨飯王宮。字悉達。位居東君。生經七日。摩耶命終。生忉利天。太子年至十九。遊觀四門。厭老病死。樂沙門身。還至宮中。夜半逾城出家。入雪山六年苦行。年至三十。臘月八夜。見星悟道。初遊鹿苑。度如眞[6]等五人。[7]轉[8]四諦法。於是思報母恩。昇忉利天。九旬結夏。爲母說法。優闐王思慕如來。乃命大[9]目連。化爲匠人。詣天宮。摹佛相好。以栴檀香[10]木。刻像供養。旣而夏滿下降。王臣士庶。同往迎佛。其像騰空。向佛稽首。佛爲摩頂受紀[11]曰。我滅度千年後。汝往震旦。廣利人天。住世七十九年。說法三百餘會。度人無數。至穆王五十二年。壬申二月十五日。入涅槃。至今統計。凡二千八百餘年矣。盖佛有三身。法身謂圓心所證。報身謂萬善所感。化身謂隨緣所現。自如來滅後。天下諸國。或泥塑木雕。或彩形畵像。祈福懺罪。無不感應。但化身示滅。而法身常住不滅。本寺大雄殿。後佛三藏現王觀音神衆等。五六影幀。造成年久。金渝彩落。欲圖新成。因循未果。歲在辛巳。寺論一起。萬口影從。爰有大師。號曰[12]雨華。發大信心。立大願力。爲四衆唱。與其同志。海雲海山等諸大師。行化道內寺刹。傍及隣近邑村。得數千兩。備之彩色。請畵師。邀碩德。壬午正月始事。至三月告功。煥然尊像。使瞻仰之人。有如存之想。嗚呼休哉。如今五濁惡世。見此希有之事。優闐之刻像。豈在美於昔日也[13]哉。又昔越州有龍興寺[14]大殿。衆請曇彥禪師。欲修之。師曰。此非吾所爲。三百年後。自有作衣[15]功德主爲之。寺僧刻石紀[16]之。至唐裵相國。爲觀蜜[17]使。捨己奉錄。[18]以修之焉。[19]彥師懸紀。[20]若合符契。則是知大事因緣。必竢其人與其時。然後成之。今雖無懸紀。[21]如彥師。而此亦人時相遇而然歟。一日海山大師。訪于大聖別齋。[22] 從容叙話。仍囑汝[23]紀[24]之。余曰。經云。應無所住。而生其心。且諸檀越以無住之心捨施。今師請之。余紀[25]之。無乃違於經文。與其檀越之本意哉。師曰。噫。凡好物[26]人善。而無心於物[27] 此不亦無住乎。余曰。諾。遂紀[28]檀越于板上。欲使[29]後人存之。因思之於心。[30] 而[31]頌祝不忘焉。

---

1) ㉠『梵魚寺誌』에는 '紀'가 '記'로 되어 있고, 광서光緒 9년(1883) 10월 상순에 쓴 것으로 되어 있다. 2) ㉠『범어사지』에는 '則' 뒤에 '乃'가 더 있다. 3) ㉠ '十'은 연자衍字이다. 태화太和 9년 을묘乙卯에서 끝난다. 4) ㉠『범어사지』에는 '鴈'이 없다. 5) ㉠『범어사지』에는 '胎' 뒤에 '中'이 더 있다. 6) ㉠ '如眞'은 '陣如'인 듯하다. 7) ㉠『범어사지』에는 '度如眞等五人'이 '先度五人'으로 되어 있다. 8) ㉠『범어사지』에는 '轉'이 '說'로 되어 있다. 9) ㉠『범어사지』에는 '大'가 없다. 10) ㉠『범어사지』에는 '香'이 없다. 11) ㉠『범어사지』에는 '紀'가 '記'로 되어 있다. 12) ㉠『범어사지』에는 '曰'이 없다. 13) ㉠『범어사지』에는 '也'가 없다. 14) ㉠『범어사지』에는 '寺'가 없다. 15) ㉠『범어사지』에는 '作衣'가 '裵'로 되어 있다. 16) ㉠『범어사지』에는 '紀'가 '記'로 되어 있다. 17) ㉠『범어사지』에는 '蜜'이 '察'로 되어 있다. 18) ㉠『범어사지』에는 '奉錄'이 '俸祿'으로 되어 있다. 19) ㉠『범어사지』에는 '焉'이 '而'로 되어 있다. 20) ㉠『범어사지』에는 '紀'가 '記'로 되어 있다. 21) ㉠『범어사지』에는 '紀'가 '記'로 되어 있다. 22) ㉠『범어사지』에는 '齋'가 '業'으로 되어 있다. 23) ㉠『범어사지』에는 '汝'가 '余'로 되어 있다. 24) ㉠『범어사지』에는 '紀'가 '記'로 되어 있다. 25) ㉠『범어사지』에는 '紀'가 '記'로 되어 있다. 26) ㉠『범어사지』에는 '物'이 '揚'으로 되어 있다. 27) ㉠『범어사지』에는 '物'이 '揚'으로 되어 있다. 28) ㉠『범어사지』에는 '紀'가 '記'로 되어 있다. 29) ㉠『범어사지』에는 '使'가 없다. 30) ㉠『범어사지』에는 '後人存之.因思之於心.'이 '後人存之於目.思之於心.'으로 되어 있다. 31) ㉠『범어사지』에는 '而'가 없다.

함홍당 금고金鼓 모연문募緣文

동래부에 금정산이 있는 것은 저주滁州에 낭야산瑯琊山[94]이 있는 것과 같고, 범어사에 함홍당含弘堂이 있는 것은 향산香山에 백련사白蓮社[95]가 있는 것과 같습니다. 그러나 옛날에 창건되어 지금 쇠락한 때를 만났습니다. 마룻대와 들보는 완전히 썩어서 위로 비가 내리치고 옆으로 바람이 들이치며, 서까래와 기둥도 따라서 상하여 왼쪽으로 기울고 오른쪽으로 쓰러졌습니다. 여러 명 남아 있던 무리는 가슴을 치고 한을 품으며, 사방으로 다니는 나그네들은 지팡이를 멈추고 슬픔을 머금습니다. 이에 거주하는 무리가 모의하여 마음으로는 절실히 강개하고 뜻으로는 중수하고자 하여 절 안에 두루 상의하자 대부분 같은 소리로 응하고 심사숙고하여 마침내 중수하자는 뜻을 정하였습니다.

삼가 생각하건대 큰일을 일으키려 할 때는 반드시 뭇 힘의 도움을 빌려야 합니다. 이에 모든 승려의 무리가 우러러 곡진한 마음을 펴서 수많은 마을에 구걸을 다니되 복을 심는 단월가를 바라고, 팔방으로 교화를 다니되 선을 쌓는 군자를 만나기를 원합니다. 선남자와 선여인은 모두 대자대비大慈大悲를 미루어 천이나 쌀의 도움이라도 아끼지 말고 널리 한 말 물(斗水)[96]의 은택을 펴서 무너진 함홍당이 윤환輪奐[97]을 이루어 옛 모양 고치기를 원합니다. 보시한 재물에 힘입어 제비와 참새에게 새로 이루어진 것을 축하하게 한다면 보시하거나 보시하지 않은 이들도 다 보지 않음이 없을 것이고, 듣거나 듣지 못한 이들도 어찌 이날의 경사가 없겠습니까? 이로 인하여 받들어 축원합니다.

집마다 넉넉하고 해마다 풍년 들어
승평세계昇平世界[98]에서 지극한 다스림을 기울이며
호구戶口는 날마다 증가하기를

청정산문淸淨山門에서 큰 복을 비노라.

含弘堂金鼓慕[1] 緣文
府之有金山。如滁州之瑯琊也。寺之有含弘。若香山之白蓮也。然而自昔剏建。當今傾頹。棟樑全朽。上雨而傍風。橡柱隨傷。左斜而右倒。數箇殘徒。叩心而抱恨。四處行客。停筇而含悲。於是居徒。斯謀斯議。心切慷慨。志欲重修。偏謀寺內。乃多同聲之應。熟計心中。遂定重葺之志。伏念巨事之將起。必藉衆力之相扶。玆率緇徒。仰陳情曲。千村流乞。但望種福之檀家。八方行化。願遇積善之君子。伏願善男善女。咸推大慈大悲。勿惜絲粟之資。廣布斗水之澤。以傾覆之堂。成輪奐而改舊摸。賴捨施之財。使鳶雀而賀新成。則施與不施。莫不盡觀。聞所未聞。豈無此日之慶。仍玆奉祝。家足年豊。傾至治於昇平世界。戶口日增。祝遐福於淸淨山門。

---

1) ㉮ '慕'는 '募'의 오자인 듯하다.

청풍당 금고 모연문

흰말이 경전을 싣고 오자 보방寶坊[99]에 총림을 세웠고,[100] 붉은 기러기가 땅에 내려앉자 임궁琳宮[101]에 탑묘를 우뚝하게 세웠다고 들었습니다. 지금 동래부의 북쪽 20리에 범어梵魚라는 절이 있는데 바로 신라 흥덕왕興德王이 세운 것입니다. 문은 푸른 바다의 물결로 통하고 누대는 부상扶桑의 해처럼 높으며, 온 골짜기에는 안개와 노을이 가득하고 물과 돌이 섞여 있으며, 긴 계곡에는 물이 흐르고 소나무 겨우살이는 빛을 가리고 있으니, 실로 남방의 큰 가람입니다.

그러나 본사의 청풍당淸風堂은 세워진 때가 오래되어 기울고 무너짐이 날로 심하여 위로 비가 새고 아래로 물이 스미며, 마룻대와 들보는 완전히 썩어서 왼쪽으로 기울고 오른쪽으로 쓰러졌을 뿐만 아니라 서까래와 기둥도 따라서 상했으니 어찌하겠습니까? 여러 명 쇠잔한 승려들은 상심하여 한을 품고 사방에 지나가는 나그네들도 지팡이를 멈추고 탄식합니다.

중수하고자 하나 일은 산더미 같은데 힘은 작고, 재물을 구하고자 하나 덕은 얕고 계획도 졸렬합니다. 이에 거주하는 무리들이 모의하고 생각이 내내 여기에 있어서 공론이 모두 같았습니다. 다만 바라는 것은 산은 흙덩이를 양보하지 않고 바다는 작은 냇물도 사양하지 않는 것처럼 이 모든 승려들이 우러러 곡진한 마음을 펴서 온 마을에 구걸을 다니되 복을 심는 단월가를 바라고, 팔방으로 교화를 행하되 선을 쌓는 군자 만나기를 원할 뿐입니다.

삼가 선남자 선여인은 모두 대자비를 미루어 각기 돈과 곡식을 보시해 함께 선근 심기를 바랍니다. 이 무너진 청풍당이 다시 중수되고, 윤환輪奐이 옛 모양을 넘어서서 제비와 참새에게 새로 지어진 것을 축하하게 한다면 이로부터 불법이 해와 나란히 빛날 것입니다. 마지막으로 우리 성왕의 수명이 하늘과 같기를 바랍니다.

淸風堂金鼓慕[1] 緣文

盖聞白馬駄經。建叢林於寶坊。朱鴈墮地。屹塔廟於琳宮。今府之北二十里。有寺曰梵魚。乃新羅興德王所剏也。門通蒼海之波。樓高扶桑之日。滿谷烟霞。水石間雜。長溪流水。松蘿掩映。實南方大伽藍也。而本寺淸風堂。刱建年久。傾頹日甚。上漏下濕。不但棟樑之全朽。左斜右倒。其奈樑柱之隨傷。數箇殘衲。傷心而抱恨。四處行客。停筇而發噓。欲以重修。事山力綿。欲以求財。德凉計拙。於是居徒。斯謀斯議。一念在玆。僉議詢同。第所望者。山不讓於土壤。海不辭於細流。玆率緇徒。仰陳情曲。千村流乞。但望種福之檀家。八方行化。願遇積善之君子。伏願善男女。咸推大慈悲。各捨錢穀。同植善根。使此頹圮之堂。至於重茸之境。俾輪奐而過舊樣。使鷰雀而賀新成。自此佛法。並日耀然。後願聖壽與天。

---
1) ㉠ '慕'는 '募'의 오자인 듯하다.

원효암 중수 유공기

동래부의 북쪽 20리에 금정金井이라는 산이 있다. 절의 남쪽 소의 울음 소리가 들리는 거리[102]에 원효元曉라는 암자가 있으니 바로 원효 조사가 도를 익힌 곳이다. 그러나 지금은 강경講經을 하는 장소가 되었다. 이 암자는 창건된 뒤로 몇 번이나 중수되었는지 모르겠다. 푸른 바다는 앞에 있고 층층 바위는 하늘에 솟았으며, 난간에 기대면 씻은 듯이 세상을 잊는 마음이 생기고 문을 나서면 툭 트여 정신을 굳세게 하는 기운이 생긴다. 그러므로 지팡이 짚고 유람하는 이들은 지팡이를 멈추고 해가 진 줄도 잊고, 벼슬아치들(官盖)은 수레를 멈추고 아침 해를 감상한다. 이것이 원효암의 장관이다.

근세에 병발瓶鉢로 부침浮沈하는 스님들은 모두 경전을 강독하고 염송하는 것을 자신의 일로 삼고, 건물이 무너지는 지경에 이르렀는데도 모두 팔짱을 끼고 수리하지 않고서 "이것은 내 일이 아니다."라고 하니 이것이 어찌 될 일이겠는가? 이에 대사가 있으니 그 이름이 응허應虛이다. 이 암자에 산 지 몇 년 동안 온갖 일을 맡고 건물이 무너진 것을 개탄하여 다시 새롭게 하려는 뜻과 원을 세웠다.

대사는 지난 병자년(1876) 봄에 몸소 화주를 주간하여 약간의 물건을 얻어 행랑을 중수하였다. 경진년(1880) 겨울에 본사에 상의하니 대중들의 논의가 모두 찬성이었다. 다음해 신사년(1881) 봄에 장인에게 일을 맡겨 좁은 주실籌室[103]과 무너진 별실을 모두 새 재목을 써서 고쳐 널찍하게 되었다. 2월에 짓기 시작하여 4월에 일을 마쳤으니 물건은 하늘이 돕는 듯하고, 일은 신과 의논한 듯하여 몇 개월이 지나지 않아 우뚝한 정사(精藍)[104]가 전날보다 배나 화려하였다. 이것은 그럭저럭 시간만 보내면서 수리하지 않은 이들과 같은 수준에서 말할 수 있는 것이 아니니, 어찌 적당한 사람과 마땅한 때를 기다려서 그렇게 된 것이 아니겠는가?

하루는 암자의 동료 스님(庵寮)이 나에게 스님의 공을 기록해 줄 것을 청하였다. 나 역시 대사를 흠모하였다. 비록 대중들의 부탁이 없다고 하더라도 단월檀越들의 보시한 공덕을 몹시 기뻐하여 마침내 전말顚末을 간략히 서술하여 원효암 중수의 사실로 삼는다.

元曉庵重修有功紀

府之北二十里。有山曰金井。寺之南一牛鳴地。有庵曰元曉。乃元曉祖師。鍊道之所。而至今爲講經之場。是庵也。自剏建以後。不知凡幾度重修也。碧海當前。層巖聳空。凭檻有蕭灑忘世之心。出門有軒豁壯神之氣。是以遊節或停節。而忘却日夕。官盖或停車。而翫看朝暾。此則元曉庵之大觀也。近世瓶鉢浮沈之師。咸以講經念誦爲己事。至於堂屋之頹廢。皆垂手而不治。曰。此非我事也。是豈得歟。爰有大師。厥號曰應虛。居是庵有年。百務堪任。慨堂屋之頹廢。發重新之志願。去丙子春。身自幹化。得略干物。重修行廊。庚辰冬乃謀于寺。僉議影從。越明年辛巳春。命工付役。籌室之陜隘。別室之傾頹。幷用新材改爲寬廣。經始二月。功畢四月。物若犬助。事與神謀。不數月。巍然精藍。倍華前日。此與其因循而不治者。不若同日而語矣。是豈非待其人竢其時而然乎。一日庵寮。請余記師之功。余亦欽慕。雖免於衆請。而重喜檀越拾[1]施之德。遂略叙于顚末。以爲元曉庵重新事實焉。

---
1) ㉰ '拾'은 '捨'인 듯하다.

김해 서림사 중수 유공기

동래부의 북쪽 10리쯤에 신어神魚라는 산이 있다. 밖에서 보면 평범한 한 산봉우리 같지만 웅장한 기운은 높은 하늘을 가리고 암석은 기이하게 빼어나며 산 능선은 수려하니 실로 금릉金陵 지역의 명산이다. 그 중간에 서림西林이라는 절이 있는데 바로 신라 때의 고찰이다. 창건한 뒤로 몇 번이나 중수했는지는 모른다. 그러나 지금 남아 있는 것은 대웅전大雄殿·지장전地藏殿 두 법당과 한 채의 노전爐殿과 식당과 요사寮舍뿐이다. 세월이 오래되고 겁해刦海가 자주 변하여 절 모양은 점차 쇠퇴하고 승도는 흩어져 사람이 거주하지 않는 절이 되었다. 한 불존만이 계셔서 법당에서 공양을 받고 있으니 수백 년 된 고찰이 거의 텅 빈 지경에 이르게 되었다.

임진년(1892) 봄에 동래부에 사는 배씨裵氏가 자신의 재산 5백여 냥을 내놓아 태영泰英 선사에게 일을 주관하고 계획을 세우게 하니, 단월들이 아름답게 여겨 마음과 힘을 합하여 비가 새는 법당과 무너진 요사채를 중수하고 기와를 바꾸었다. 그 밖의 무너진 곳은 곳곳마다 보수하고 나아가 문과 뜰의 섬돌도 모두 수리하였다. 4월에 일을 시작하여 9월에 마침을 고하였다. 이로부터 도량은 정결함이 전날보다 배가 되었다.

아, 장대하구나. 금세에 보기 드문 일이다. 옛날 배 상공裵相公의 후생(第三生)[105]이 월주越州 대흥사大興寺 탑을 중수하고 지금 배 공裵公이 서림의 옛 절을 중수하였으니, 이는 모두 전세前世의 원력으로 이룬 것으로 그 이치가 우연이 아닌 게 분명하다.

하루는 절의 주지인 태영 선사가 나에게 편지를 보내 기문을 요청하면서 말하였다.

"저희 절은 배 공이 아니라면 절이 거의 비게 될 뻔했습니다. 그러나 지금 다행히 그 덕분에 새롭게 되었으니, 부디 한 말씀 하셔서 후세에 드리워 주십시오."

나는 대답하였다.

"공은 공로를 자랑하고 싶어 하지 않는데 스님께서 요청하고 내가 기록한다면 공의 본뜻에 어긋나지 않겠습니까?"

그렇지만 나는 배 공이 재물을 보시한 은혜를 사모하고 태영 스님께서 일을 주관한 노고를 몹시 기뻐하므로 그것을 기록한다.

金海西林寺重修有工[1]紀

府之北十里許。有山曰神魚。外視若一凡峀也。然磅礴之氣。掩映重宵。岩石之奇勝。峰巒之秀麗。實爲金陵一區名山。而中間有寺曰西林。乃新羅古刹也。自刱建以後。未知凡幾度重修。然今所存者。大雄地藏兩法堂。一爐殿一食堂一寮舍而已。歲月旣深。刦海屢變。寺樣漸衰。僧徒渙散。無人居寺。只有一佛尊。供奉法堂。使數百年古刹。幾至空虛之境矣。歲在壬辰春。府居裵氏。出己財五百餘兩。使與泰英禪師。幹事喩略。爰于檀越。同心戮力。法宇之添漏。寮舍之頹廢。重修焉。翻瓦焉。其他頹落。隨處修補。乃至門戶庭砌。皆以修治。自四月始役。至九月告訖。自此道場。精潔倍於前日。嗚呼壯哉。今世希有之事也。昔日裵相公第三生。重修越州大興寺塔。今裵公重修西林古寺。此皆前世願力所致。而其理似不偶然也明矣。一日主寺泰英禪師。折簡要余紀之曰。寡寺若非裵公。寺幾爲空虛。而今幸賴其德而新之。願乞一言。以垂諸後。余應之曰。公不欲誇功。而師請之。余記之。無乃違於[2]於公之本意哉。雖然余慕裵公捨施之恩。重喜英公幹事之勞。是以記之。

1) ㉮'工'은'功'의 오기인 듯하다. 2) ㉯'於'는 연자인 듯하다.

범어사 폐막조건기 弊瘼條件記

본사는 신라 때의 고찰이다. 임진년에 섬나라 왜가 난리를 일으킨 뒤에 산성을 쌓고 군오軍伍를 둔 이래로 지금까지 무예를 익혀 폐지하지 않기 때문에 다른 사찰과는 몹시 다르다. 지난날 건륭乾隆 정축년(1757)에 선대 감先大監[106]께서 옥서玉署[107]에서 동래부로 출진出鎭하여 본사의 폐막弊瘼[108]을 조정의 명령으로 탕감하고, 또 기묘년(1759) 정월에 경상도 관찰사로 옮겨가 본사의 폐막을 또 모두 혁파하였다. 그러므로 지금까지 수백 년 동안 고찰을 수호한다.

아, 선대감님께서 본사에 은혜를 드리운 것이 어찌 산고수장山高水長[109]일 뿐이겠는가. 이때부터 먼 지방의 승려들도 불후不朽의 덕을 잊기 어려워한다. 이에 몇 칸의 비각碑閣을 세워 매년 10월 상순에 삼가 제구祭具를 갖추어 향을 사르고 예를 올리니, 이것은 바로 절이 폐해지지 않은 일이 있기 때문이다.

그러나 본사의 병의 근원이 되어 보전하기 어려운 것에 두 가지 일이 있다.

첫째는 본사의 지형이 배가 가는 형국이기 때문에 사공沙工 고개와 고을高乙 고개와 다이多伊 고개가 있다. 이는 실로 절의 긴요한 곳이기 때문에 간혹 어떤 속인이 함부로 무덤을 쓴 폐단이 있으면 한낮에 도량에 호랑이가 나와 길을 막고는 한 달이 넘도록 그치지 않는다. 끝내는 무덤 주인이 이장해 간 뒤에야 호환虎患이 그친다. 그러므로 30년 전에 본사의 승도들이 다이 고개 등의 땅에 몇 칸의 법당을 세우고 세 개의 전패殿牌[110]와 한 금불상을 봉안하여 근근이 수호하였다. 그러나 간혹 어떤 속인이 함부로 무덤을 쓴 폐단이 있다면, 본사가 관아에 소장을 올려 끝내는 무덤 주인이 자연히 소송에 지게 되어 이장하나, 본사가 한번 소송하는 데 절의 피해가 거의 수백 냥에 이른다. 이는 실로 보전하기 어려운 일이다.

둘째는 본사 공사公私 전답이 동래東萊·울산蔚山·기장機張·양산梁山 네 읍의 땅에 흩어져 있다. 매년 간평看坪[111]하여 집세執稅할 때 네 읍의 결복 結卜[112]이 원래 경작자에 있기 때문에 결복 1부負는 1두斗의 벼로 결복가를 제한다. 만약 결복이 10부라면 간평할 때 10두의 벼를 결복가에서 제하고 실제를 따라 세금을 거두니, 이것은 본사만 이러할 뿐만이 아니라 각 읍의 부유한 사람들이 세금을 거두는 것도 이러하다. 이러면 경작자에게는 해가 없다. 그런데 전답주에게 세금을 물리는 것으로 말한다면, 동래와 기장과 울산 세 읍의 경작자는 진실로 전답주에게 세금을 물린다는 말이 없으나, 오직 양산 한 읍의 경작자만이 매번 전답주에게 세금을 물리려 한다. 본사는 억지로 예전처럼 경작자에게 세금을 물리려 하지만 매년 간평할 때 이 때문에 서로 어긋나니 절의 피해가 적지 않다. 만약 지금 양산 한 읍의 경작자가 본사에 세금을 물리려 한다면 동래와 기장과 울산의 세 읍 경작자도 자연히 역시 세금을 물리려는 일을 할 것이다. 만약 이와 같다면 본사가 무너지는 것은 손꼽아 헤아릴 수 있다. 본사의 승도가 원하는 것은 네 읍의 경작자에게 예전처럼 세금을 경작자에게 물리고 길이 본사에 세금을 물림이 없게 하는 것이니, 그렇게 한다면 수백 년 군오의 사찰이 지탱되고 보존되는 길이 있을 것이다.

梵魚寺弊瘼條件記

本寺卽羅代古刹。盖自壬辰島倭作變之後。設山城。置軍伍。尙今爲講武不廢。故與他寺刹迥異。而徃在乾隆丁丑。先大監自玉署。出鎭本府。本寺弊瘼以朝令蕩減。又己卯正月日。移按嶺伯。本寺弊瘼。亦皆革罷。故至今數百年守護古刹。噫。先大監主。其垂恩於本寺。何啻山高水長而已。自是以來。遐方僧徒。難忘不朽之德。建立數間碑閣。每年十月上旬。謹備祭具。焚香享禮。此乃有寺不廢之事也。然本寺之爲病根難保者。有二件事。其一曰。本寺之地勢。爲行舟形局故。有沙工嶝。有高乙嶝。有多伊嶝。此實寺中繁要處故。或有俗人犯葬之弊。則白晝道場。虎出作梗。跨朔不止。畢竟塚主掘移。然後虎患乃息。故三十年前。本寺僧徒。至多伊嶝等地。建立數間法堂。奉安三殿牌一金佛。僅僅守護。然間或有俗人。犯葬之弊。則本寺官呈。畢竟塚主。自然落訟掘移。而本寺之一分呈訴。寺害幾至數百兩。此實難保之事也。其二曰本寺公私田畓。散在東萊蔚山機張梁山四邑之地。每年看坪執稅時。四邑結卜。元來在作者處故。結卜一負。以一斗租。除給卜價。若結卜十負。則看坪時。以十斗租。除給卜價。從實收稅。此非但本寺如是。至於各邑富人。收稅亦如是。是無害於作者。而以若退卜畓主言之。東機蔚三邑作者。固無退卜於畓主之言。而惟梁山一邑作者。每欲退卜於畓主。本寺强欲依前在卜於作者處。每年看坪時。以此相左。寺害不少矣。若今梁山一邑作者。退卜於本寺。則東機蔚三邑作者。自然亦退卜事。若如是則本寺之傾覆。可指日而計矣。本寺僧徒所願。使四邑之作者。依前在卜作者處。永無退卜於本寺。則數百年軍伍寺利。庶有支保之道耳。

함홍당 금고 중수 유공기

흥함은 영원히 흥함이 없고 폐함도 영원히 폐함이 없다. 흥폐가 서로 이어지고 성쇠가 다함이 없는 것을 사람들은 간혹 이치가 늘 그러하다고 돌리지만 사람의 일이 관여된 줄 모른다. 무엇 때문인가? 모두 자신의 몸만 편안히 하고 공변됨을 잊기 때문에 그렇다. 지금 함홍당은 세워진 뒤로 중간에 모두 몇 번이나 흥성하고 몇 번이나 쇠망한 줄 모른다. 그러나 지금에는 방의 형태가 점차 그릇되고 거주하는 무리도 거의 없어 공허한 지경에 이르렀다.

지난 병술년(1886) 7월에 우봉友峯 상인이 절의 논의에 따라 승통僧統의 임무를 띠고 와서 이 방을 지키게 되었다. 방이 무너진 상황을 알고는 탄식하며 중흥의 뜻을 두었다. 정해년(1887) 8월에 대중들에게 상의하기를 "이 방이 퇴락한 때를 맞아 우리들이 한번 수고하여 붙들어 주지 않는다면 방이 무너지는 것은 앉아서 기다릴 수 있습니다."라고 하였다. 이에 거주하는 무리와 힘을 함께하기로 맹세하고 비로소 걸립乞粒[113]하는 행을 세웠다. 정해년 10월부터 무자년(1888) 3월까지 온 승려들이 권선문을 가지고 동래·기장·양산·울산 네 읍에 교화를 다니고 옆으로 도내 사찰에 이르러 수천 냥을 얻어서 방이 무너진 곳마다 보수하여 볼 만하게 되었다. 이로부터 방의 모양이 조금 넉넉해지고 거주하는 무리도 번성하게 되었다.

상인은 몸을 수고롭게 하여 공적인 일을 하고 대중들을 거두어들여 사람을 얻은 이라고 할 수 있다. 이로 말미암아 본다면 때의 흥폐와 일의 성쇠는 어찌 사람의 일이 관여된 것이 아니겠는가? 나는 상인이 몸을 수고롭게 하여 공적인 일을 한 정성을 가상히 여기고 거듭 단월들이 보시한 덕을 기뻐하기에 이를 기록하노라.

含弘堂金鼓重修有功記

興無長時之興。廢無長時之廢。興廢相尋。盛衰無窮。而人或推歸於理之常然。而不知人事之所關。何也。皆安其身忘其公而然也。今含弘堂。自刱設以來。不知中間凡幾興幾廢。而悗今房形漸否。居徒無幾。至於空虛之境。去丙戌七月日。友峯上人。以寺論帶僧統之任。來守是房。知房之頹狀。慨然有重興之意。在丁亥八月日。謀于衆曰。當此房舍頹廢之時。吾徒若不一勞而扶之。則房之傾覆。可坐而待也。乃與居徒。矢心同力。始設乞粒之行。自丁亥十月。至戊子三月。率緇徒荷勸文。行化東機梁蔚四邑。傍及道內寺刹。得數千兩。房舍頹落之處。隨補可觀。自是房形稍饒。居徒亦盛。上人可謂勞身而爲公。攝衆而得人者也。由此觀之。時之興廢。事之盛衰。豈不在於人事所關也。余嘉上人勞身爲公之誠。重喜檀越捨施之德。是以記之。

명부전 중수 유공기

 삼가 사적을 살펴보면 절이 처음 세워진 것은 대당大唐 태화太和 9년 을묘년(835)에 신라 흥덕대왕이 세운 것이다. 그때 왜구가 침범하여 물리칠 길이 없었는데 다행히 의상義湘 조사 덕분에 왜구의 힘을 물리칠 수 있었다. 왕이 크게 기뻐하여 이 절을 세워서 스님의 은혜에 보답하였다고 한다.
 당시에는 절이 아래쪽 대밭에 있었으니 지금까지 아득히 몇 천 년이 흐른 줄 모르겠다. 중간에 이곳으로 옮겼으나 전해지는 기문이 없어 역시 몇 백 년이 흐른 줄 모르다가, 지금 중수하는 날에 그 상량문을 보니, 그때를 나열하였으되, 대법당과 관음전과 나한전과 요사채 등 모두 15채의 방사房舍만이 있었다.
 만력萬曆 21년(1593) 임진왜란 때에 이르러 병화를 만나 천 칸의 보찰寶刹이 일시에 재가 되었다. 10년 동안 집이 없이 빈숲만 남았는데 관선觀禪 법사가 그것을 보고 큰 원력을 세웠다. 임인년(1602) 초에 이 계곡에 들어와 다니면서 승려와 속인들을 교화하여 거듭 가람을 이루었다. 그 뒤에 얼마 되지 않아 잇따라 화재를 만나 갑자기 한 칸의 집도 없게 되었다. 개연히 한숨만 쉬고 있을 때에 묘전妙全 법사가 화사化師가 되어 계축년(1613) 가을에 먼저 해회당海會堂 세 칸을 짓고, 이어서 산역山役을 하여 만력 42년 갑인년(1614) 7월에 법당을 완성하였다. 성조도감成造都監 소모장수召募將帥 최 공崔公과 초관哨官들이 마음을 합하여 일을 하였다.
 순치順治 15년 무술년(1658) 9월에 법당이 무너지려 하자 남쪽 가에 옮기고 지장전地藏殿이라고 제액題額하였다. 이는 바로 옛 법당의 재목을 옮겨다 중수한 것이다. 강희康熙 33년 갑술년(1694) 3월에 이르러 절의 승려 명흡明洽 스님이 백은白銀 16냥을 내고는 조기祖奇를 권하여 화사가 되어 단월들에게 모연募緣하게 하고, 사주寺主 자수自修와 도감都監 법탄法坦과

대중들이 한마음으로 중수하여 명부전冥府殿이라고 현판을 달았다고 한다.

광서光緒 17년 신묘년(1891) 2월에 법당이 무너져 온 절이 근심하였다. 한 사람이 선창先倡하자 대중들이 이구동성으로 찬성하여 화사를 정하고 사방으로 교화를 다녔다. 법당의 기운 것은 바로잡고 썩은 것은 바꾸었으며, 기둥은 드문드문 바꾸고 서까래는 완전히 바꾸었다. 그 무너진 곳마다 보수하고 다시 기와를 바꾸고 단청을 하였다. 2월에 일을 시작하여 8월에 공사를 마쳤다. 아, 아름답구나. 일찍이 없었던 일이로다.

冥府殿重修有功記

謹按寺蹟。寺之初剏。乃大唐太和十[1]九年乙卯。新羅興德大王所剏也。其時倭寇侵犯。退斥無路。[2] 賴有義湘祖師。退寇之力。王乃[3]大喜。剏是寺[4]以報師恩云。當時寺在下界竹田。尙今泇[5]不知幾千年。中間移建此地。無記可傳。亦不知幾百年。而今當重修之日。見其上樑。則列記其時。[6] 但存大法堂觀音殿[7]羅漢殿衆寮凡十五房舍。至萬曆二十一年。壬辰倭亂之時。逢於兵火。千間寶利一時灰爐。十載無家。惟成空林。觀禪法師見之。[8] 發大願力。壬寅年初。入於是谷。行化緇素。重成伽藍。其後未[9]久。仍逢火災。頓無一間[10]屋。慨然長歎之際。妙全法師。乃爲化師。[11] 癸丑秋。先成海會堂三間。仍爲山役。至萬曆四十二年。甲寅七月日。畢成法堂。成造都監。召募將帥。崔公與諸哨官。同心執事。順治十五年。戊戌九月日。法堂將[12]毁。乃移建南邊。題額地藏殿。此乃舊法堂材木。[13] 移爲重修。至康熙三十三年。甲戌三月日。寺僧明洽[14]師。出白銀十六兩。而仍勸祖奇[15]爲化師。募緣檀越。與寺主自修。[16] 都監[17]法坦及諸大衆。同心重修。頭題[18]冥府殿云。歲在光緒十七年。辛卯二[19]月日。法宇傾頹。渾寺爲憂。一人先倡。衆口影從。乃定化師。[20] 行化[21]四方。法[22]宇[23]傾者正之。朽者易之。間改[24]柱木。全改椽木。其廢處隨補。[25] 更爲飜瓦丹雘。始役二月。至八月畢

工。嗚²⁶⁾呼休哉。未曾有也。²⁷⁾

1) ㊂ '十'은 잘못 들어간 글자이다. 2) ㊂『범어사지』에는 '退斥無路'가 없다. 3) ㊂『범어사지』에는 '乃'가 없다. 4) ㊂『범어사지』에는 '寺' 뒤에 '之'가 더 있다. 5) ㊂『범어사지』에는 '渺'가 없다. 6) ㊂『범어사지』에는 '見其上樑。則列記其時。'가 '見其上樑列記'로 되어 있다. 7) ㊂『범어사지』에는 '殿'이 없다. 8) ㊂『범어사지』에는 '見之'가 없다. 9) ㊂『범어사지』에는 '末'가 '不'로 되어 있다. 10) ㊂『범어사지』에는 '間'이 '家'로 되어 있다. 11) ㊂『범어사지』에는 '師'가 없다. 12) ㊂『범어사지』에는 '將'이 없다. 13) ㊂『범어사지』에는 '舊法堂材木'이 '舊材'로 되어 있다. 14) ㊂『범어사지』에는 '洽'이 '大'로 되어 있다. 15) ㊂『범어사지』에는 '奇' 뒤에 '大師'가 더 있다. 16) ㊂『범어사지』에는 '修' 뒤에 '大師'가 더 있다. 17) ㊂『범어사지』에는 '監' 뒤에 '僧將'이 더 있다. 18) ㊂『범어사지』에는 '題'가 '額'으로 되어 있다. 19) ㊂『범어사지』에는 '二'가 '正'으로 되어 있다. 20) ㊂『범어사지』에는 '師'가 '士'로 되어 있다. 21) ㊂『범어사지』에는 '化'가 없다. 22) ㊂『범어사지』에는 '法' 앞에 '得數千兩, 仍存舊樣, 但'이 더 들어 있다. 23) ㊂『범어사지』에는 '宇' 뒤에 '之'가 더 있다. 24) ㊂『범어사지』에는 '改'가 '補'로 되어 있다. 25) ㊂『범어사지』에는 '隨補'가 없다. 26) ㊂『범어사지』에는 '嗚' 앞에 '其間頭尾。凡八箇月。而所入錢米。合爲四千餘兩。'이 더 들어 있다. 27) ㊂『범어사지』에는 '也' 뒤에 '檀越之傾儲。化師之趍顧。何其如是之竭誠盡力也。乃列名啣于左。欲使後人爲觀感焉。光緒十七年辛卯八月日。枕松門人。義龍體訓謹誌。'가 더 들어 있다.

범어사 대웅전 후불탱화後佛幀畵 모연문

일심一心을 깨달으면 제불諸佛이라 하고 육도六道에 빠지면 중생이라 한 다고 들었습니다. 중생이 없으면 부처는 그때 나타나지 않고 제불이 없으 면 중생은 세상에 목마르게 우러를 이가 없습니다. 중생과 부처는 본래 있는 것이고 성인과 평범한 사람은 아득히 다릅니다.

적광토寂光土[114]에서 법신을 증득하여 이름을 떠나고 모양을 떠났으며, 감인계堪忍界[115]에서 원력을 타고 죽음을 보이고 태어남을 보이셨습니다. 대원각大圓覺[116]을 집으로 삼아 궁실의 아름다움을 구하지 않고, 평등성平 等性[117]을 몸으로 삼으니 어찌 형상을 빌렸다고 말하겠습니까? 그렇다면 형상(像)은 참모습의 방편(眞權)이 되고 참모습은 형상의 실체(像實)가 됩니 다.

불상을 둔 것은 우전왕優塡王이 사모하는 마음을 붙인 때에 나왔고, 법 교法敎가 유행한 것은 한漢나라 명제明帝가 꿈에 감응한 날에 시작합니다. 이는 지난날 도의 교화로 여러 나라에 지금까지 은택이 천년에 이릅니다. 이 때문에 백복百福으로 장엄합니다. 아, 우러러 공경하노니 천신千神이 옹호하여 위엄이 두텁기를 빕니다.

돌아보건대 범어사는 금정산의 기이한 구역이고 봉래의 별천지입니다. 전 왕조의 성스런 임금이 영건營建의 덕을 드리웠고 당시의 덕이 높은 스 님들이 강송講誦의 소리를 높였으니 그 얼마나 장대합니까?

아, 이것이 쇠해졌습니다. 흥폐는 때가 있고 비태否泰[118]는 서로 이어집 니다. 갑자기 형상이 낡고 채색이 변한 때를 맞았으니, 어찌 많은 비구들 이 밤낮으로 탄식하지 않겠습니까? 이에 새로 짓고 다시 갖추는 날을 두 었으니 단월들이 기부하여 돕는 은혜를 바랍니다. 몇 줄 안 되는 짧은 글 이지만 한 조각 곡진한 마음으로 사부대중에게 외칩니다. 피안의 공을 서 로 도모하고 만인의 인연을 맺어 함께 이생의 업을 지읍시다. 여러분들의 힘을 빌려야 제불의 형상을 이룰 수 있습니다. 흰 쌀이나 금은을 가리지 않습니다. 예로부터 보시하여 일을 성취하였습니다. 우러러 공경하는 이들은 기뻐하기를 그치지 않고, 예배하는 이들은 무궁하게 복을 받고 장수를 누릴 것입니다. 하찮은 정성 자세히 펴서 삼가 무릅쓰고 아룁니다. 받들어 축원하노이다.

    국도國都가 장구하여
    청산처럼 더욱 견고하며
    불법佛法이 거듭 빛나
    태양처럼 빛나소서.

梵魚寺大雄殿後佛幀畫慕[1]緣文

盖聞一心開悟曰諸佛。六道迷淪曰衆生。無衆生則佛不出興於時。無諸佛則生無渴仰於世。生佛本有。聖凡迥殊。寂光土中。證法身而離名離相。堪忍界內。乘願力而示滅示生。以大圓覺爲家。不求宮室之美矣。使平等性作體。豈假形像之云哉。然則像爲眞權。眞乃像實。佛像之設。出於優闐王。寓慕之時。法敎之流。自於漢明帝感夢之日。在昔道化。諸國如今。澤及千年。是以百福莊嚴。嗚呼瞻敬。千神擁護。庶幾重威。顧乃梵寺。金山奇區。蓬萊別局。前朝聖王。垂營建之德。當時高釋。唱講誦之聲。何其壯哉。吁。此衰矣。興廢有時。否泰相尋。奄値像古彩渝之時。何多比丘畫宵之歎。爰有營新改備之日。庶望檀越捐助之恩。數行短文。一片情曲。爲四衆倡。相圖彼岸之功。結萬人緣。同作此生之業。須藉僉賢之力。乃成諸佛之形。勿論白米與金銀。但自古捨而成就。瞻敬者。歡之喜之不厭。禮拜人。福而壽而無疆。細陳微忱。謹冒以聞。奉祝。國都長久。與青山而益固。佛法重明。同白日而有光。

1) ㉠ '慕'는 '募'의 오자인 듯하다.

아미타불과 석가세존 탄일誕日 모연문

아미타불은 자비로운 마음이 있어 한 중생이라도 제도하지 않음이 없고, 석가불은 인도하는 기술이 있어 사홍서원四弘誓願[119]을 일으켜 빠트림이 없습니다. 생사의 고통을 싫어하여 떠나고 열반의 즐거움을 기뻐하여 구한다면 아미타불을 염송하는 것만 한 게 없습니다. 이 한 몸의 목숨을 귀의하고 후세의 과보를 바란다면 무엇이 석가불에게 공양하는 것만 하겠습니까? 그러므로 아미타불은 서방에서 부르는 중생의 자비로운 아버지(慈父)이고, 석가불은 동쪽 언덕(東岸)에서 떠나보내는 중생의 길잡이(導師)입니다. 저기서는 부르고 여기서는 보내며, 한쪽에서는 밀고 다른 쪽에서는 당기어 유정들을 불쌍히 여기고 부지런함도 지극합니다.

매년 11월 17일은 아미타불의 탄신일이고 4월 초파일은 석가불의 탄신일입니다. 지금 세상의 사람들은 존귀하거나 비천한 이를 가리지 않고 각기 생일날 잔치하는 일이 있는데, 어떻게 본사가 이 두 날을 맞이하여 공양하고 예배하는 정성이 오랫동안 없어서야 되겠습니까? 절에서 이러한 마음을 가진 지 오래되었고 여러 해가 지났습니다. 오늘 의논하니 이구동성으로 기뻐하는 사람이 대부분이었습니다. 여러 해 경영하여 마침내 함께 뛰어난 인연(勝緣)을 맺는 생각을 가진 것입니다. 다만 생각하건대 큰 일을 일으키려 할 때는 반드시 뭇 힘의 도움을 빌려야만 합니다. 이에 삼종심三種心을 일으켜 구연대九蓮臺[120]에 오를 것을 생각하며 감히 몇 줄의 게를 가지고 한 조각의 마음을 우러러 바칩니다.

> 승려나 속인들 함께 기뻐하고
> 존귀하거나 비천한 이 귀의하며
> 각기 정성스런 마음을 일으켜서
> 깨끗한 재물 보시하기 원한다오.

매년 이날을 맞이하여
공양하고 예배하면
불법의 큰 터전 중흥하고
함께 극락에 가는 인연
아마도 여기에 있으리라.
아마도 여기에 있으리라.

阿彌陀佛及釋迦世尊誕日募緣文
彌陀佛。慈悲之心。無一衆生而不度。釋迦佛。導引之術。發四弘願而無遺。厭離生死之苦。欣求涅槃之樂。不如念誦彌陀。歸依一身之命。希望後世之果。何似供養釋伽。是故彌陀爲西方招喚。衆生之慈父。釋伽乃東岸發遣。衆生之導師。彼喚此遣。一推一牽。憐悶有情。勤亦至矣。每年十一月十七日。卽彌陀佛誕日也。四月初八日。卽釋伽佛誕日也。今世之人。勿論尊卑。各有生辰宴樂之事。何乃本寺當此兩日。久無供養禮拜之誠。寺有是心者久。經年歲矣。今日詢謀。乃多同聲隨喜之人。屢歲經營。遂有共結勝緣之念。第念大事之將興。必藉衆力之相扶。爰發三種心。思登九蓮垈。敢將數行之偈。仰達一片之心。伏願緇素隨喜。尊卑歸依。各發誠心。投捨淨財。每年當日。供養禮拜。重興佛法之洪基。同往極樂之因緣。其在斯歟。其在斯歟。

독성각獨聖閣 창건기剏建記

복을 내리거나 재앙을 없애는 일을 어느 부처님인들 할 수 없겠는가? 이 독성獨聖[121]만이 부처님의 유촉遺囑을 받아 신통이 자재하고 청을 따라 곧장 이르니, 메아리가 응하는 것처럼 신속하여 이루지 못하는 소원이 없고, 그림자가 따르는 것처럼 빨라 인간세계의 복전福田이고 중생들의 자비로운 아버지이다. 그러므로 크고 작은 사찰에서 전각을 세워 봉안하여 흉한 일은 피하고 길한 일은 이루어 달라고 기도하지 않음이 없다. 이제 본사를 돌아보건대 이 전각만 없었다.

병자년(1876) 5월에 기영奇英 선사가 당시 중향실中香室에 있으면서 이 전각을 건립하려고 하자 응향각凝香閣 응송應松 관유 공寬有公이 한 터를 점지하였다. 관유 공이 선교방편善巧方便으로 본사의 해행방解行房 여러분들 앞에서 입을 열자 주실籌室 해산海山 상인이 듣고는 크게 기뻐하였다. 별당 정해定海 대사는 옆에서 찬성하고 성민聖珉 승통과 여러 노소들은 따라 기뻐하지 않음이 없었다. 방전房錢 백여 냥을 내어 5월에 일을 시작하고 7월에 완성하였으니, 한 칸의 난야蘭若[122]를 낙성하였다.

장인을 맞이하여 단청을 하고 한 폭의 그림을 그리고 길한 날을 가려 봉안하니 세상에 일찍이 없었던 일이다. 두 스님의 원력으로 해행방에서 보시하는 재물을 얻고, 보시한 재물을 가지고 이전에 없던 전각을 세웠으니, 아, 아름답구나. 이에 그를 위하여 노래하리라.

산이나 바다 같은 덕
그처럼 높고도 깊어라.
거기서 생기는 물건은
금이요 곡식이지.

두 사람 한마음으로

얻어서 쓰셨네.

유 공有公은 재물 구하고

기영 스님 일을 감독하여

전각 하나가 우뚝 서니

존자가 계시면서 홀로 웃으시네.

獨聖閣剙建記

降福消災。何佛不能。惟此獨聖。受佛遺囑。神通自在。隨請便到。速如響應。無願不成。疾似影從。人間福田。衆生慈父。是故大少寺刹。建閣奉安。避凶就吉。無不禱之。顧今本寺。獨無此閣。歲在丙子五月日。奇英禪師。時在中香室。欲建此閣。凝香閣應松寬有公。點得一基。以有公善巧方便。開口於本寺。解行房僉仁之前。籌室海山上人。聞之大喜。別堂定海大師。從傍賛成。聖玟僧統及諸老少。莫不隨喜。捨出房錢百餘兩。五月始役。七月告成。結搆一間蘭若。邀工丹艧。畵成一幅彩形。涓吉奉顔。世未嘗有也。以兩師之願力。得解行房捨施之財。以捨施之財。建此前無之閣。於乎美哉。乃爲之歌曰。山海之德。如彼高深。所産之物。惟金惟粟。二人同心。得而用之。有公求財。英師董事。巋然一閣。尊在獨笑。

천성산 내원암 장등長燈 유공기

신사년(1881) 봄에 천성산 내원암 주암主庵 장로가 금정산으로 나를 방문하여 조용히 대화를 나누다가 갑자기 탄식하면서 말하였다.

"내원암은 양산과 울산 두 읍 사이에 있는데, 산수의 아름다움이 여러 산들 중에 으뜸입니다. 봄에 꽃이 밝게 피고 가을에 잎이 단풍 드는 절기를 만나 거마車馬를 탄 손님과 시를 짓는 나그네들이 소요하며 올라오면, 마음은 넓어지고 정신은 기뻐서 시를 짓고 돌아가는 경우도 있고, 세속을 피하여 참됨을 찾아서 기氣를 기르고 돌아가는 경우도 있지만, 경계를 반연하여 마음을 일으키고 부처님을 공경하여 재물을 보시하고 돌아가는 경우는 적습니다.

지난번 을해년(1875) 가을에 동래읍에 사는 구악具樂이 산수 구경을 왔다가 마침 저희 암자에 이르러 갑자기 부처님을 공경하는 마음이 생겨 돈 백 냥을 보시하여 장등長燈의 밑천으로 삼았습니다. 거주하는 무리들도 장구한 계획을 바라서 통도사 내에 돈을 들이고 매년 해가 바뀔 때마다 본전은 놔두고 이자만 취하여 밤새도록 등불이 밝고 밝게 이어져 제불과 중생들에게 기뻐하는 마음을 일으키게 하였습니다. 이는 경계를 반연하여 마음을 일으키고 부처님을 공경하여 재물을 보시하고 돌아간 경우가 아니겠습니까? 그러니 그런 때가 아니라면 몇이나 되는 암자의 대사들이 어찌 이와 같은 재물을 모으는 수단이 있겠습니까? 이런 공로가 있는데 판板에다 기록하지 않는다면 훗날에 무엇을 보겠습니까? 한 말씀 부탁드립니다."

나는 말하였다.

"좋습니다. 이런 암자가 있는데 이런 기록이 없다면 단월이 보시한 공로를 정녕 없애 버리지 않겠습니까?"

千聖山內院庵長燈有功記

歲在辛巳春。千聖山內院。主庵長老。訪余金山。從容叙話。忽喟然嘆曰。院庵處梁蔚兩邑之間。以山水美冠於諸山者也。當春花景明秋葉丹楓之節。車馬之賓。騷人之客。逍遙登臨。有心廣神怡。題詩而去也。有避俗尋眞。養氣以去也。有緣境發心。敬佛捨財而去也。鮮矣。去乙亥秋。東萊邑居具樂。以山水翫行。適到寡庵。居然有敬佛之心。捨錢百兩。以爲長燈之資。居徒又欲長久之計。仍納通度寺內。每年貿茌時。存本取利。徹夜燈光。明明相續。使諸佛衆生。起歡喜之心。此非緣境發心。敬佛捨財而去也歟。然則若非其時。幾庵大師。行化手段。焉能如是。有如是之功。而若非板記。其於後視何。願乞一言。余曰。諾。有是庵而無是記。則寧無泯沒檀越捨施之功哉。

범어사 명부전 중수 모연문

선을 닦아 복을 얻는 일은 본 적이 있지만 벼를 심었는데 보리를 거두는 일은 없습니다. 불보살의 둥근 거울(圓鏡)에는 사물의 고움과 추함이 한 치도 어긋나지 않게 나타나고, 시왕十王[123]의 나열된 책상에는 사람의 선악이 조금도 어긋나지 않게 기록됩니다.

삼도三途[124]의 괴로움에는 탐욕의 업(貪業)이 처음에 있고, 육도문六度門[125]에는 보시를 행함이 앞에 자리합니다. 인색함과 탐욕은 악도惡道를 면하기 어렵고, 자비와 보시는 선근善根을 낳습니다. 금생에 닦은 원인(因)으로 후세에 생기는 결과(果)를 받게 되니, 소리가 온화하면 메아리가 순하고, 형체가 곧으면 그림자가 바른 것과 같습니다. 이런 내용은 분명하게 경전에 있고 명백하게 책에 실려 있습니다.

돌아보건대 지금 본사는 삼한三韓의 고찰로 일대一代의 유명한 가람입니다. 높여서 받드는 일은 여덟 법당에서 하고 염송하는 일은 두 선실에서 합니다. 선려禪侶가 늘 머무는 것이 2백여 명이고 정법이 전해 내려온 것이 억만년입니다. 그중 한 법당은 주벽主壁[126]이 지장地藏이 되고 좌우에는 시왕을 나열하여 사람들의 선악을 판결합니다. 이로 말미암아 명부전冥府殿이라고 하기도 하고, 지장전地藏殿이라고 하기도 하며, 혹은 시왕전十王殿이라고도 하니, 참으로 이유가 있습니다.

세워진 시대도 오래되고 중수한 날도 멀어 대들보는 완전히 썩고 서까래와 기둥은 따라서 상하여 위에서 비가 샐 뿐만이 아니라 옆으로 바람이 들이치는 것을 어찌하겠습니까? 왼쪽으로 기울고 오른쪽으로 쓰러졌습니다. 중수하려는 뜻은 있으나 끝내 재물을 보시하여 돕는 손길이 없습니다. 항상 생각이 여기에 있어서 대중들과 모연을 권할 것을 의론하였습니다. 이 건물을 짓는 터전을 맞이하여 어찌 스님들의 힘으로만 하겠습니까? 도와서 보수하는 날에 이르러서는 널리 단월들의 은혜를 바랍니다.

그러므로 『시경詩經』에서는 "복을 구함이 간사하지 않다.(求福不回)"[127]라고 하였고, 『주역周易』에서는 "선을 쌓으면 남아도는 경사가 있다.(積善餘慶)"[128]라고 하였습니다. 그런 까닭에 몇 줄의 짧은 글을 가지고 한 조각 마음을 우러러 펴서 사부대중을 위하여 외칩니다. 피안의 밑천을 서로 도모하고 만인의 인연을 맺어 이생의 업業을 함께 지읍시다.

삼가 선남자 선여인 여러분들은 모두 대자비를 미루어 베나 곡식 같은 작은 재물도 아끼지 말고 한 말 물(斗水) 같은 은택을 널리 펴기를 바랍니다. 건물을 지어 크고 빛난다면 세세생생에 헛되지 않는 복전福田을 함께 누리고 진진찰찰塵塵刹刹에 무량수불無量壽佛을 함께 뵐 것입니다. 이것이 이른바 복을 누리고 장수하는 정토淨土이니, 누가 제천諸天을 입히고 먹인다고 하지 않겠습니까? 이로부터 성왕의 수명이 장구하여 청산처럼 늙지 않을 것입니다. 그런 뒤에 불법佛法이 중흥하여 해와 같이 빛날 것입니다.

梵魚寺冥府殿重修募緣文

只見修善而得福。未有種稻而獲牟。佛菩薩圓鏡之中。物之姸媸。毫釐不忒。十大王列案之下。人之善惡。寸尺無違。三途苦上。貪業在初。六度門中。行檀居首。慳貪難免惡道。慈施能生善根。以今生所修之因。受後世所生之果。聲和響順。形直影端。昭昭在經。明明載册。顧今本寺。三韓古刹。一代名藍。崇奉則八法堂。念誦則兩禪室。禪侶之常住。二百餘名。正法之流傳。億萬斯歲。就中一法宇。主壁爲地藏。左右列十王。決辦人善惡。由是云冥府殿。亦稱曰地藏殿。或謂十王殿。良有所以也。刱建年久。重修日深。棟樑全朽。椽柱隨傷。非但上雨。傍風無奈。左斜右倒。縱有重修之志。終無捐助之資。一念在玆。僉議勸募。當此營作之場。容有苾蒭之力。及其助修之日。廣望檀越之恩。是故詩稱求福不回。易有積善餘慶。所以數行短句。仰達一片中心。爲四衆倡。相圖彼岸之資。結萬人緣。同作此生之業。伏願僉善。咸推大慈。勿惜絲粟之財。廣布斗水之澤。以成以造。乃輪乃奐。

世世生生。共享不空福田。塵塵刹刹。同見無量壽佛。是所謂福壽淨土。孰不曰衣食諸天。自此聖壽長久。與青山而不老。然後佛法重興。同白日而有光。

원흥방元興房 불상 장등長燈 도배塗褙 모연문

부처님은 백호광白毫光을 등불로 삼으니 어찌 기름 등불의 광명을 빌리겠습니까? 몸은 온 허공을 바탕으로 삼으니 누가 전단栴檀 나무로 형상을 조각하겠습니까? 거짓 그대로(卽僞)가 진실이고, 현상 그대로(卽事)가 이치입니다.

밤새도록 등불을 밝히는 것은 실로 부처님을 받드는 정성스런 마음이고, 화폭 가득한 존안尊顔은 참으로 사람으로 하여금 공경하고 예배하게 합니다. 그러므로 우전왕이 불상을 조각한 일은 지난날에만 아름다움을 독차지하지 않고, 수달須達이 금을 깐 일[129]은 어찌 옛날에만 좋겠습니까?

예로부터 범궁梵宮의 난야蘭若라고 부르는 것이 지금 금정산의 산천에 있습니다. 바닷가의 명승지여서 갖가지 암석이 빼어남을 다투고, 병 속의 별천지[130]여서 골짜기마다 물이 다투어 흐릅니다. 무성한 대나무 그늘은 장생蔣生[131]의 길에 든 듯하고, 서늘한 소나무 바람은 백아伯牙[132]의 거문고를 듣는 듯합니다.

이 방은 문설주에 원흥元興이라는 이름이 있는데, 원래대로 회복하는 때는 지금이 바로 그때입니다. 저 감실에는 오랫동안 존상尊像의 부처님이 없어서 예배하는 날에 얼마나 민망한 줄 모릅니다. 자신의 마음속에 있는 부처를 관찰하여 스스로 귀의하는 일은 진실로 통달한 사람에게 양보하고, 채색된 형상을 갖추어 함께 예배하는 일은 초심자에게 더할 나위 없는 것입니다.

이에 몇 줄의 짧은 글을 가지고 한 조각의 마음을 무릅쓰고 폅니다. 경영하는 일은 불상佛像과 장등長燈과 도배塗褙이고, 거두어들이는 것은 황금과 백미白米와 사속絲粟입니다. 한 사람에게 권하여 백천의 단월들에게 미치고, 10냥을 보시하여 만억의 큰돈에 이르게 합시다. 이생과 내생에서 모두 저 헛되지 않은 복덕을 이루어서 동쪽에서 바르고 서쪽에서 지우듯이[133] 소리마다 저 한량없는 부처님에게 수명을 빕시다. 이것이 이른바 복을 누리고 장수하는 정토이니, 누가 제천諸天을 입히고 먹인다고 하지 않겠습니까? 조심스러움을 이기지 못하겠고 바쁨을 감당하지 못하겠습니다. 이에 받들어 축원합니다.

푸른 원숭이 금 좁쌀 담긴 발우를 씻으니
부유함은 비사문천毘沙門天[134]과 같고
누런 용이 옥축玉軸의 경전을 안고 있으니
다문多聞은 아난阿難의 바다[135] 같으소서.

권선시勸善詩

온갖 인연은 일심一心의 참됨 빌려야 하고
업을 행함은 반드시 선악 가려야만 하지.
장삼張三은 쇠퇴했다 왕성해지니 괴이하고
이사李四는 부유했다 가난해지니 가련하구나.[136]
금생에서 받는 것은 전생에서 지은 것이요
다음 생애에는 현세의 인因이 돌아오리라.
부처님께서 보시하는 일 칭찬하신 까닭은
조금만 선 심어도 중생 제도하기 때문이라오.

元興房佛像長燈塗排募緣文

佛以白毫光爲燈。寧假油燭之光明也。身則混虛空爲體。誰雕旃檀之形像乎。卽僞之眞。卽事之理。竟夜燈火。實是奉佛誠心。滿幅尊顔。良以使人敬禮。是故于闐之雕像。不專美於徃時。須達之布金。豈獨善於昔日。自古稱號梵宮蘭若。如今有名金井山川。海上名區。千岩競秀。壺中別界。萬壑爭流。依依竹陰。似入蔣生之逕。颯颯松顏。如聞伯牙之琴。是房也。楣有元興之名。元復之時。此其時也。彼龕兮。久無尊像之佛。禮拜之日。何其悶哉。觀心佛而自歸依。誠讓達士。須彩像而同拜禮。無如初機。玆以數行單辭。冒達一片情素。經營之事。佛像長燈塗排。收得之謀。黃金白米絲粟。勸一人以及百千檀越。施十兩乃至萬億緡錢。此世來生箇箇成彼不空福德。東塗西抹。聲聲祝他無量佛壽。是所謂福壽淨土。孰不曰衣食諸天。不勝僮僮。無任僕僕。仍玆奉祝。青猿洗金粟之鉢。富有如毘沙門。黃龍抱玉軸之經。多聞似阿難海。

勸善詩
萬緣應假一心眞　行業要須辨惡仁
怪底張三衰復旺　可憐李四富還貧
今生所受前生作　來世將回現世因
所以金仙稱捨施　纖毫種善度迷倫

동래 범어사 명부전 중수 상량문

조령 남쪽 70여 고을에서 봉래蓬萊는 도호부(都護)라는 명칭으로 불리고, 군郡의 북쪽 20리 밖의 범어사는 가람伽藍이라는 이름을 띠고 있도다.

우리 본사本寺를 돌아보건대 신라 흥덕왕興德王이 세웠으니 바로 당시에 의상義湘 스님이 머물던 곳이로다.

봉래도蓬萊島[137]는 사방으로 뻗어 있어 닭이 울고 개가 짖는 소리가 들리는 명승지이고, 운대雲臺에서는 용이 서리고 호랑이가 걸터앉은 것 같은 봉우리들이 한눈에 들어오네. 참으로 병 속의 별천지이고 한가한 세계로다.

의지하는 바는 여러 불보살들의 옹호하는 힘이고 짓는 것은 명부전으로 이바지하고 받드는 당堂이라. 이에 절에 일치하는 논의가 있어 일이 모두 어김없이 순조로웠고, 사람들이 두 마음을 가지지 않아 대중들이 모두 기꺼이 일하였노라. 높고 낮은 법우法宇는 도솔천인 듯하고, 나열된 탑묘는 기원정사인 듯하구나.

변화하면 경치를 구경하는 마당이 되고, 차고 넘치면[138] 손해를 부르는 자리가 된다오. 계절이 바뀌어 몇 번이나 의상대에 성상星霜이 지났던가? 세월은 강물과 같아 신라 때의 문물이 한바탕 꿈이로세.

일을 이루려면 시간을 따져야 하니 택일의 마땅함을 알았도다. 뭇 장인들이 바삐 손을 놀리니 바람이 이는 공로를 바쳤노라. 물건은 하늘이 도모한 듯하고, 일은 귀신이 돕는 듯하였도다.

봄 2월 세 번째 경일(三庚)에 기둥을 세웠고, 후직后稷 구룡句龍[139] 다섯 번째 술일(五戌)에 상량하노라. 시작은 촉도蜀道처럼 어려웠지만 완성하니 두루 다니면서 노는 것처럼 쉽구나. 뭇 장인들은 솜씨를 다하여 빨리 이루고 도반(法伴)들도 머리를 맞대어 구름처럼 모여들었다. 의당 기릴 만하니 짧은 노래를 부르노라.

들보 동쪽에 던지나니
만리창파 한눈에 들어오네.
신라가 한창 번성한 때 생각하노니
해신海神 와서 법회에 춤을 추었다지.

들보 서쪽에 던지나니
낙수洛水와 금릉金陵 길 헷갈리지 않네.
극락정토는 어디메뇨?
해가 곧장 사람에게서 낮아져 가는구나.

들보 남쪽에 던지나니
백 성城과 오십삼 선지식에게 물었다오.
백호광명(毫光) 한번 보고는 발길 돌렸으니
행보行步를 수고하지 않아도 동참하리라.

들보 북쪽에 던지나니
두령斗嶺의 오색구름 검푸른 빛 둘렀구나.
영취산은 험준하고 빼어난 기운 밝아
지금까지 우리 임금의 덕 삼축三祝한다오.[140]

들보 위쪽에 던지나니
어진 하늘 우로雨露 내려 은혜 무량하다네.
사공천(四空)과 사무색천(四色)은 아득하여 가없는데
차례대로 선정 닦아 그대로 회향하리라.

들보 아래쪽에 던지나니

빙향氷香과 풍륜風輪은 환질幻質을 지녔다네.[141]
푸른 바다에 광명이 안팎으로 통하니
파신波神은 귀한 줄 알지만 값은 모른다오.

삼가 상량한 뒤에 온갖 폐단은 다 사라지고 뭇 상서로운 일은 다 이르며, 새로 지은 건물이 영롱하여 여러 신들은 안온하고 옛 터전이 정중鄭重하여 건곤乾坤의 광채와 짝하기를 바랍니다.

東萊梵魚寺冥府殿重修[1]上樑文

夫嶺以南七十餘[2]州。蓬萊稱都護之名。念郡以[3]北二十里外。梵寺帶伽藍之號。顧我本寺。卽羅代興德王之建立。[4]乃當時義湘師之所[5]居。蓬島四達。鷄鳴狗吠之勝境。雲臺一望。龍盤虎踞之諸峯。眞壼裡乾坤。乃閑中世界。所賴者。[6]諸[7]佛菩薩擁護之力。爲敉者。冥府殿供奉之堂。於是寺有歸一之謀。[8]事皆從而順之。[9]人無携二[10]意。衆皆[11]樂而爲焉。法宇之高低。依俙兜率。塔廟[12]之羅列。宛如祇園。繁華爲形視[13]之場。漏滲[14]是招損之地。炎涼代謝。幾過湘臺之星霜。歲月如流。一夢羅代之文物。容成較曆。知擇日之宜。羣[15]匠揮手。[16]獻生風[17]功。物若天謀。[18]事與神助。春王二月三庚立柱。後稷句龍五戌上樑。[19]其始也。若蜀道之難。[20]乃成之。是周章之易。衆工磬巧。不日成之。法伴[21]趨頭。如雲集也。宜興乃[22]頌。遂爲短唱。拋樑東。萬里蒼波[23]一望通。却憶新羅全盛日。海神來舞法筵中。[24]拋樑西。洛水金陵路不迷。極樂淨邦何處是。一輪[25]一道向人低。拋樑南。訽友百城五十三。一覩毫光回象駕。不勞行步須同叅。[26]拋樑北。斗嶺五雲環黛色。靈鷲嶒崚[27]秀氣明。至今三祝吾君德。拋樑上。仁天雨露恩無量。[28]四空四色杳無邊。次第修禪仍回向。拋樑下。氷香風輪相[29]幻賀。[30]滄海光明表裡通。波神知貴不知價。伏願上樑之後。百廢俱興。[31]衆祥畢臻。[32]新宇玲瓏。諸善神而安穩。古基鄭[33]重。侶[34]乾坤之光華。[35]

1) 㓐『범어사지』에는 '冥府殿重修'가 '重修冥府殿'으로 되어 있다. 2) 㓐『범어사지』에는 '餘'가 '一'로 되어 있다. 3) 㓐『범어사지』에는 '以'가 '而'로 되어 있다. 4) 㓐『범어사지』에는 '建立'이 '創建'으로 되어 있다. 5) 㓐『범어사지』에는 '所'가 '留'로 되어 있다. 6) 㓐『범어사지』에는 '者'가 '則'으로 되어 있다. 7) 㓐『범어사지』에는 '諸'가 없다. 8) 㓐『범어사지』에는 '謀'가 '論'으로 되어 있다. 9) 㓐『범어사지』에는 '之'가 '矣'로 되어 있다. 10) 㓐『범어사지』에는 '二' 뒤에 '之'가 더 있다. 11) 㓐『범어사지』에는 '皆'가 '亦'으로 되어 있다. 12) 㓐『범어사지』에는 '塔廟'가 '衆寮'로 되어 있다. 13) 㓐『범어사지』에는 '形視'가 '縱觀'으로 되어 있다. 14) 㓐『범어사지』에는 '漏滲'이 '滿溢'로 되어 있다. 15) 㓐『범어사지』에는 '羣'이 '郡'으로 되어 있다. 16) 㓐『범어사지』에는 '手'가 '斤'으로 되어 있다. 17) 㓐『범어사지』에는 '風' 뒤에 '之'가 더 있다. 18) 㓐『범어사지』에는 '謀'가 '來'로 되어 있다. 19) 㓐『범어사지』에는 '春王二月……五戌上樑' 부분이 없다. 20) 㓐『범어사지』에는 '之難'이 '難之'로 되어 있다. 21) 㓐『범어사지』에는 '法伴'이 '檀越'로 되어 있다. 22) 㓐『범어사지』에는 '乃'가 '善'으로 되어 있다. 23) 㓐『범어사지』에는 '蒼波'가 '滄溟'으로 되어 있다. 24) 㓐『범어사지』에는 '神來舞法筵中'이 '三山二水海天中'으로 되어 있다. 25) 㓐『범어사지』에는 '一輪'이 '毫光'으로 되어 있다. 26) 㓐『범어사지』에는 '一覩毫光回象駕。不勞行步須同叅。'이 '五萬平郊開溝瀆。東風節物飽歲甘。'으로 되어 있다. 27) 㓐『범어사지』에는 '淩'이 '崚'으로 되어 있다. 28) 㓐『범어사지』에는 '量'이 '過'로 되어 있다. 29) 㓐『범어사지』에는 '相'이 '持'로 되어 있다. 30) 㓐『범어사지』에는 '賀'가 '賀'로 되어 있다. 31) 㰡'興'은 저본에 '滅'로 개작되어 있다. 32) 㓐『범어사지』에는 '百廢俱興。衆祥畢臻。'이 '王風永扇。佛日再明。'으로 되어 있다. 33) 㓐『범어사지』에는 '鄭'이 '典'으로 되어 있다. 34) 㓐『범어사지』에는 '侶'가 '保'로 되어 있다. 35) 㓐『범어사지』에는 '華' 뒤에 '光緖十七年辛卯三月二十日。義龍軆訓記。'가 더 있다.

미륵전 중수 유공기

전각의 이름을 미륵彌勒이라 하기도 하고 용화龍華라 하기도 하니, 이것은 바로 미래에 오실 교주教主의 명칭이다. 경전에 "미륵불이 세상에 나올 때 세 곳에서 뛰어난 모임(三處勝會)을 베풀어 무수한 사람들을 제도할 것이다. 금세에 한 선근善根을 가진 이가 있다면 그때에 모두 법을 듣고 위없는 보리심菩提心을 일으킬 것이다."라고 하였다.

지금 본사의 미륵전은 어느 해에 세워졌고 어느 해에 중수되었는지 진실로 모르겠지만, 지금 보니 대들보는 기울고 무너졌으며 서까래와 기둥은 썩고 상하였다. 온 절이 이 때문에 근심하였으나 자주 흉년을 만나 절의 모양이 쇠잔해졌다. 가령 좋은 계책이 있다면 얼마나 다행이겠는가?

지난번 병술년(1886) 정월 초하룻날에 온 절이 자리에 모여 따로 중수하려는 뜻을 두었다. 위로 종사宗師님으로부터 아래로 사미沙彌에 이르기까지 각기 그 형편에 따라서 어떤 이는 백 냥을 내고, 어떤 이는 50냥을 내며, 어떤 이는 30냥을 내고, 어떤 이는 20냥을 내며, 어떤 이는 10냥을 내고, 어떤 이는 1냥을 내었다. 거두니 모두 천여 냥이 되었다. 2월에 일을 시작하여 4월에 마쳤다. 우뚝한 법우法宇는 전의 경관보다 배나 되었다. 또 본사의 어회계魚會禊에서 돈 백 냥을 내어 단청을 하게 하였는데, 이 법당을 보는 이에게 기뻐하는 마음을 내게 한다.

아, 이 단월들은 미래 용화회상龍華會上에서 모두 법을 듣고 함께 위없는 보리심을 일으켜 이룰 것에 의심이 없다. 처음부터 끝까지 일을 주관한 이는 오직 의봉당義峯堂 기명奇明 대사이시다.

彌勒殿重修有功記
殿之名[1]曰彌勒。亦曰龍華。[2] 此乃當來教主之名號也。[3] 經云。彌勒佛出世時。設三處勝會。度人無數。今世如有一善根者。其時皆聞法。發無上菩提心。[4] 今本寺彌勒殿。誠不知何年剏建。何年重修。而見今棟樑傾頹[5] 椽柱朽傷。[6] 渾寺雖[7]以是爲憂。然[8]屢經歉歲。寺樣彫殘。設[9]有良策。何幸。[10] 去丙戌年正[11]日。渾寺合席。別有重新之意。上自宗師啣前。下及[12]沙彌各隨其勢。或出百兩。或出五十兩。或出三十兩。或出二十兩。或出十兩。或出一兩。收合爲千餘兩。徑[13]始二月。告功[14]四月。巍然法宇。倍於前觀。且本寺魚會禊[15]中。出錢百兩。[16] 使之丹艧。能使見之者。生歡喜之心。噫。此諸檀越。於當來龍華會上。皆得聞法。[17] 同發無上[18]菩提心。成滿無疑矣。[19] 始終幹事者。惟[20]義峯堂[21]奇明大師[22]也。[23]

---

1) ㉠『범어사지』에는 '之名'이 '額'으로 되어 있다. 2) ㉠『범어사지』에는 '華' 뒤에 '者'가 더 있다. 3) ㉠『범어사지』에는 '此乃當來敎主之名號也'가 없다. 4) ㉠『범어사지』에는 '度人無數……發無上菩提心'이 '說法敎化。聞法之人。皆發無上菩薩心。其地平正無丘坑。地上有樹。形似龍金。龍上花開。故曰龍華。'로 되어 있다. 5) ㉠『범어사지』에는 '傾頹'가 '之朽傷'으로 되어 있다. 6) ㉠『범어사지』에는 '朽傷'이 '之傾頹'로 되어 있다. 7) ㉠『범어사지』에는 '雖'가 없다. 8) ㉠『범어사지』에는 '然'이 '而'로 되어 있다. 9) ㉠『범어사지』에는 '設'이 '沒'로 되어 있고, 앞부분에 '欲以重修'가 더 있다. 10) ㉠『범어사지』에는 '何幸'이 없다. 11) ㉠『범어사지』에는 '正' 뒤에 '月'이 더 있다. 12) ㉠『범어사지』에는 '及' 뒤에 '中僚'가 더 있다. 13) ㉠『범어사지』에는 '徑'이 '經'으로 되어 있다. 14) ㉠『범어사지』에는 '告功'이 '功告'로 되어 있다. 15) ㉠『범어사지』에는 '禊'가 '稧'로 되어 있다. 16) ㉠『범어사지』에는 '出錢百兩'이 '出損百餘兩'으로 되어 있다. 17) ㉠『범어사지』에는 '皆得聞法'이 없다. 18) ㉠『범어사지』에는 '無上'이 없다. 19) ㉠『범어사지』에는 '成滿無疑矣'가 '同爲菩薩友。必無疑'로 되어 있다. 20) ㉠『범어사지』에는 '惟'가 '誰'로 되어 있다. 21) ㉠『범어사지』에는 '堂'이 없다. 22) ㉠『범어사지』에는 '大師'가 '上人'으로 되어 있다. 23) ㉠『범어사지』에는 '也' 뒤에 '光緖十五年己丑正月日。義龍體訓記。'가 더 있다.

범어사 원효암 염불 모연문

우리 동방에 불법佛法이 번성하고 조사가 나온 것은 신라만 한 때가 없고, 사찰이 세워지고 석도釋徒가 존중받은 것도 당시만 한 때가 없습니다.

삼가 사적寺蹟을 살펴보면 대당大唐 문종文宗 태화太和 9년 을묘년(835)에 왜구가 자주 신라를 침범하여 사람들을 살육하였습니다. 그때 흥덕왕興德王은 침식寢食이 편안하지 않아 꿈에 신인神人의 지휘를 받아 의상義湘 조사를 태백산에서 맞이하였습니다. 다행히 조사의 법력에 힘입어 왜구를 물리쳐 나라 안이 태평하였습니다. 왕은 크게 기뻐서 국사國師로 삼고 본사를 창건하여 스님의 은혜에 보답하였다고 합니다. 또 그때에 원효元曉 조사는 당나라 승려 천 명을 이끌고 원적산圓寂山¹⁴²에서 도道를 얻게 하였습니다.

이제 국내의 명산名山과 승지勝地의 높은 대와 유명한 가람을 이루 다 기록할 수는 없지만 그 두 조사가 모두 수도한 곳은 아마 이 암자이니 행여 그때 세워졌지 않았겠습니까? 스님이 세상을 떠난 지 오래되었지만 옛 암자는 여전히 남아 있습니다. 이 암자에 살면서 멀리 당시의 일을 생각하면 어찌 감동하고 사모하는 마음이 없겠습니까?

두 조사의 은혜에 보답하는 길은 진실로 염불보다 나은 것이 없습니다. 그러므로 지금부터 시작해서 이 암자를 염불당念佛堂으로 만들려고 합니다. 사분四分 염불하고 혹은 천념千念하고 만념萬念하며 나아가 무진념無盡念에 이르러서 위로 임금과 어버이에게 복을 빌고 아래로 단월들에게 은혜를 보답하려고 합니다. 무루無漏의 선근善根을 심고자 하나 재력이 부족하기 때문에 신神이 숨어서 돕는 글을 가지고 어리석은 마음을 우러러 진달합니다. 천 리를 멀다 하지 않되 복을 심는 단월가를 바라고, 팔방으로 교화를 다니되 선을 쌓는 군자를 만나기를 원합니다.

삼가 선남자 선여인은 모두 대자비를 미루어 한 사람에게 권하여 십

인, 백 인, 만 인, 억 인에게 이르며, 한 냥을 보시하여 억백천 냥에 이릅시다. 보는 이나 듣는 이나 함께 승연勝緣을 맺고, 한 생각이나 열 생각에 함께 바른 깨달음을 이룹시다. 이로부터 금륜金輪과 법륜法輪이 함께 구르고 복이 3아승지겁을 초월한 뒤에 순일舜日[143]이 불일佛日과 함께하고, 나란히 수명이 억겁에 미칠 것입니다.

梵魚寺元曉庵念佛募緣文

我東方佛法之繁盛。祖師之出興。無如新羅。寺刹之刱設。釋徒之尊重。亦莫如當時。謹按寺蹟。大唐文宗太和。十[1)]九年乙卯。倭寇數侵犯新羅。殺戮人民。其時興德王。寢食不安。夢中感得神人之指揮。迎義湘祖師於太白山。幸賴師之法力。退斥倭寇。國內太平。王乃大喜。以爲國師。刱建本寺。以報師恩云。且其時元曉祖師。率唐僧千名。使之得道於圓寂山。自此國內名山勝地。高臺名藍。不可勝記。而皆其兩祖師。修道之處。盖是庵。倘或其時刱建耶。師去世遠。猶有古庵尙存。居是庵而緬憶當時事。寧無感慕之心乎。欲報兩祖師之恩。誠無過於念佛。故自今爲始。以是庵爲念佛堂。四分念佛。或千念萬念。乃至無盡念。上以祝釐於君親。下以報恩於檀越。欲種無漏之善根。而但財力不足。故神藏勸疏。仰達愚衷。千里不遠。但望種福之檀家。八方行化。願遇積善之君子。伏願善男善女。咸推大慈悲。勸一人以及十百萬億人。施一兩以至億百千兩。或見或聞。共結勝緣。一念十念。同成正覺。自此金輪與法輪同轉。福越三祇然後。舜日共佛日。齊壽延億刼。

---

1) ㉘ '十'은 잘못 들어간 글자이다.

용화전龍華殿 중수 상량문

삼가 생각하건대 경계를 70여 주州로 나눌 때 봉래는 경치가 빼어나다는 명칭이 있고, 찰간刹竿[144]을 세운 원근의 여러 절에서 범어사는 가람伽藍이라는 이름을 띠고 있도다. 거주하는 승려의 무리는 그 수가 3백 명이고 신라 때에 처음 세워져 억만년이나 되었다네.

골짜기마다 물이 다투어 흐르고 봉우리마다 빼어남을 다투며, 천어天魚는 헤엄치고 아직도 차가운 금정金井이 있다네. 의상 조사는 어디로 돌아갔는가? 부질없이 높은 석대石臺만 남아 있구나. 높고 낮은 탑묘는 완연히 기원정사인 듯하고, 정밀하고 밝은 도량은 어찌 영취산보다 못하겠는가? 한밤중의 경쇠 소리는 태사공太史公[145]을 몰아대도 기록하기 어렵고, 상계上界의 꽃비 색깔은 용면龍眠[146]에게 그리라고 하여도 이룰 수 없다오.

그러나 번화하면 마음껏 관람하는 장소가 되지만 차고 넘치면 손해를 불러오는 터전이 된다네. 각 법당의 건립은 처음 어느 해에 시작했던가? 용화전이 기울고 무너졌으니 오늘날에는 가련하구나. 왕민王珉[147]이 집을 보시한 일이 어찌 오늘날에만 없겠으며, 수달須達이 금을 깐 일이 어찌 옛날에만 아름다움을 독차지하겠는가?

장인들은 솜씨를 다하여 하루도 안 되어 이루었고, 스님들은 기쁘게 달려와 구름처럼 모였도다. 좋은 노래 낭랑하게 하여 들보 드는 일을 돕고 거들리라.

들보 동쪽에 던지나니
만리창파 한눈에 들어오네.
신라가 한창 번성한 때 생각하노니
해신海神 와서 법회에 춤을 추었다지.

들보 서쪽에 던지나니
낙수洛水와 금릉金陵 길 헷갈리지 않네.
극락樂國을 멀리 바라보니 어디메뇨?
붉은 해가 장대에 반쯤 걸렸구나.

들보 남쪽에 던지나니
백 성城과 오십삼 선지식에게 물었다오.
백호광명(毫光) 한번 보고는 발길 돌렸으니
행보行步를 수고하지 않아도 동참하리라.

들보 북쪽에 던지나니
짙푸른 온 봉우리들 북극성을 향하네.
머리 조아리고 귀의하여 『법화경』 외니
만다라 꽃비가 너울너울 떨어지누나.

들보 위쪽에 던지나니
제석천의 진주 만상萬像을 머금었다네.
오색 광명이 안팎으로 통하니
용신龍神 등 팔부신중 모두 회향한다오.

들보 아래쪽에 던지나니
향수香水와 풍륜風輪은 환화幻化일 뿐일세.
푸른 바다 여의주가 밤빛을 비추니
파신波神은 귀한 줄 알지만 값은 모른다오.

삼가 상량한 뒤에 왕풍王風이 영원히 불고 불일佛日이 다시 밝기를 바랍니다.

龍華殿重修上樑文

伏以分彊界七十餘州。蓬萊有佳麗之號。建利竿遠近諸寺。梵魚帶伽藍之名。緇徒之所居。三百其數。羅代之初剏。億萬斯年。萬壑爭流。千峯競秀。天魚游去。尙有金井之冷冷。湘師何歸。空餘石臺之巍巍。塔廟之高下。宛如秖園。道場之精明。豈下鷲靈。半夜鍾磬之聲。驅太史而難記。上界花雨之色。責龍眠而莫成。然而繁華爲縱觀之場。滿溢是招損之地。各法堂建立。始自何年。龍華殿傾頹。堪憐今日。王珉之捨宅。何獨無於今時。須達之布金。豈專美於昔日。工匠盡巧。不日成之。衲客趨歡。如雲集也。朗唱善頌。助擧修樑。抛樑東。萬里滄波一望通。却憶新羅全盛日。海神來舞法筵中。抛樑西。洛水金陵路不迷。樂國遙瞻何處是。一輪紅日半竿低。抛樑南。詢友百城五十三。一覩毫光回象駕。不勞行步須同衾。抛樑北。積翠千峯于斗極。稽首歸依誦蓮經。曼陀華雨毿毿落。抛樑上。帝座眞珠含萬像。五色光明表裏通。龍神八部皆回向。抛樑下。香水風輪特幻化。滄海驪珠照夜光。波神知貴不知價。伏願上樑之後。王風永扇。佛日再明。

사자암獅子庵 법당 개와盖瓦 모연문

 삼도三途는 두려워할 만하니 탐업이 으뜸이 되고, 육도는 길하니 보시를 행함이 앞에 있습니다. 선이든 악이든 털끝만큼도 업경대業鏡臺 앞에서는 틀리지 않고, 인이든 과든 조그만치도 명주장明珠掌 위에서는 어긋나지 않습니다.

 이 법당을 돌아보건대 관음보살觀音菩薩을 봉안하지만 세워진 해도 멀고 중수한 때도 오래되어 마룻대는 상하고 벽은 깨져서 위로 비가 새고 옆으로 바람이 들이칩니다. 보수하고자 하지만 일은 산더미 같고 힘은 미약하며, 보고만 있자니 부처님도 걱정하고 사람들도 슬퍼합니다. 앉아서 한갓 탄식만 하기보다는 차라리 계획을 세워 재물을 구하는 것이 낫습니다.

 이에 짧은 글을 가지고 널리 여러분 앞에 알립니다. 조그마한 재물이라도 아끼지 말고 널리 한 말의 물(斗水)의 어짊을 베풀어 주십시오. 3전錢을 보시하면 빈천의 과보를 면하고 한 말의 곡식을 베풀면 부귀의 몸을 얻습니다. 이는 분명하게 경전에 실려 있고 명백하게 책에 있습니다. 작은 부끄러움도 견딜 길이 없어 삼가 무릎쓰고 아룁니다.

獅子庵法堂盖瓦募緣文

三途可畏。貪業居首。六度乃吉。行檀在先。乃善乃惡。毫釐不忒於業鏡臺前。斯因斯果。尺寸無違於明珠掌上。顧此法堂。奉安觀音。刱設年淡。重修時久。棟傷壁破。上雨傍風。欲以修補。則事山力綿。欲以見已。則佛愁人悲。與其惟坐而徒歎。曷若起圖而求財。玆將短引。普告僉前。不惜絲粟之財。廣布斗水之仁。施三錢[1] 猶免貧賤之報。捨斗穀而即得富貴之身。昭昭載經。明明在冊。無任細恥。謹冒以聞。

---

1) ㉠ '錢' 아래 '以' 자가 빠진 듯하다.

마하사摩訶寺[148] 불사佛事 유공기

세상에는 많은 종류의 선근善根 공덕이 있지만 가장 뛰어난 것은 부처님 상像을 조성하고 부처님 몸을 장엄하는 것이라 한다. 어째서인가? 세간에서 선을 짓는 것은 유루有漏 선근善根일 뿐이지만 부처님 몸을 황금이나 백분白粉을 써서 장엄함은 바로 무루無漏 공덕이기 때문이다.

지금 이 절을 돌아보건대 대웅전의 삼존불은 금칠이 벗겨지고 나한전 16존은 분粉이 벗겨졌으니 큰 단월이나 큰 화주가 아니라면 실로 금칠을 하고 분을 바르기에 어렵다. 그러나 무자년(1888) 동짓달에 추산秋山 상인이 범어사에 있을 때 향실香室에 거하면서 대중들에게 말씀하셨다.

"우리들이 이런 때를 맞아 솔선하여 재물을 모으도록 권해서 실로 금칠을 하고 분을 바르지 않는다면 어찌 불제자라고 하겠는가?"

대중들은 "그렇습니다."라고 말하였다.

이에 인해印海 상인과 읍에 교화를 다니면서 수천 냥을 얻었다. 증명 법사를 청하고 화공畵工을 맞이하여 경인년(1890) 3월 10일에 일을 시작하여 같은 달 28일에 마쳤다. 이로부터 삼존불과 16존이 미소를 짓는 듯하여 승려와 속인들이 우러러 공경하고 예배하며 따라 기뻐하고 찬탄하였다.

아, 아름답도다. 일찍이 없었던 일이로다. 경에서 "고불古佛을 수리하는 일은 새로 만드는 일보다 낫다. 그러므로 어떤 가난한 여인이 부처님의 터진 얼굴을 깁자 세세생생토록 얼굴이 금빛이었다. 또 어떤 장자가 부처님의 깨진 손가락을 수리하자 세세생생토록 손가락이 촛불 같은 빛을 놓았다. 생전에는 부유하고 즐거우며 끝내는 부처님을 만나 출가하여 도를 얻었다."라고 하였다.

아, 이와 같이 하는 일은 몹시 작으나 끝내 가장 큰 것을 얻는 것은 위 없는 좋은 밭에 씨를 뿌리는 일이 그러하다. 봄에 낟알 하나를 뿌려 가을에 낟알 만 개를 거둔다는 말은 이를 일러 한 말이 아니겠는가? 오늘에 단월들의 보시한 공과 두 상인이 교화를 행한 덕은 앞에서 인용한 공덕보다 결코 낮지 않을 것이다.

摩訶寺佛事有功記

世有多種善根功德。而爲其最勝者。謂之造成佛像。莊嚴佛軀。何也。盖世間中作善。只爲有漏善根。若其莊嚴佛軀。用之黃金白粉。乃是無漏之功德也。顧今此寺。大雄殿三尊佛剝金。羅漢殿十六尊脫粉。如非大檀越大化主。實難改金塗粉。而歲在戊子至月。秋山上人。自梵魚寺時。居香室。告於衆曰。吾等當於此時。若不袖勸鳩財。實改金塗粉。豈謂佛弟子。衆曰諾。於是乃與印海上人行化邑。得數千兩。請證師。邀畫工。始事於庚寅三月初十日。畢功於同月二十八日。自是三尊佛十六尊。如有微笑。而能使緇素人。瞻敬禮拜。隨喜讚歎。嗚呼休哉。未曾有也。經云。修古佛勝於新成。是以若有貧女。裸佛決面。世世面爲金色。又有長者。治佛破指。生生指放燭光。生前富樂。終乃遇佛。出家得道。噫。如是所作之事甚小。而終乃獲益最大者。盖投種於無上良田之然也。春種一粒穀。秋收萬顆子。期[1]之謂歟。今日諸檀越捨施之功。兩上人行化之德。決定不下於如上所引之功德也。

1) ㉮ '期'는 '斯'의 오자인 듯하다.

마하사 대웅전 중수 번와翻瓦 유공기

금련산金蓮山은 바닷가 밖에 서려 있어 바라보면 평범한 한 봉우리 같지만, 웅장한 기운이 높은 하늘을 덮고 물과 돌이 그 좌우를 두르며 안개와 노을이 그 중간에 감추어져 있으니, 참으로 동래의 한 기이한 곳이다.

이 절은 문헌으로 증명할 길이 없어 세워진 것이 어느 시대인지 모르겠으나, 지금 남은 것은 대웅전과 나한전 두 당堂과 노전爐殿 하나, 요사채 하나뿐이다. 세워진 뒤로 몇 번이나 중수했는지 모르겠으나 세월이 오래 되어 겁해劫海가 자주 변하였다.

돌아보건대 지금 법우가 무너져 바람이 들이치고 비가 샌다. 다시 새롭게 하고자 하는 마음은 있지만 일은 산더미 같고 힘은 모기 같아 승려들이 근심을 견디지 못하였다.

정해년(1887) 3월에 수상국水相國 한 공韓公이 산수 구경을 좋아하여 수레를 타고 행차하다가 절 건물이 무너져 비바람이 들이치는 것을 보고 결연히 중수하고자 하는 뜻을 두었다. 감영의 집사청執事廳에 분부하자 의논이 일치하여 그러기로 정하였다.

예봉禮峯 상인은 화주化主가 되어 도장을 찍은 권선문을 가지고 교화를 행해서 영읍營邑과 진촌鎭村과 경내境內 사찰에서 수백 냥을 얻었다. 4월에 일을 시작하여 윤달에 마쳤다. 비가 새는 절 건물은 기와를 아주 바꾸어 버리고, 썩고 상한 서까래나 기둥은 바꾸어 새롭게 하였다. 그 밖에 요사채의 못쓰게 된 곳은 보수하여 볼 만하게 되었다.

아, 옛날에 상국相國 배휴裵休가 관찰사가 되어 월주 용흥사 대전을 중수하였는데, 지금 한 공에게 방편의 힘이 있어 수십 년 동안 무너진 절 건물을 하루아침에 새롭게 하였으니, 어찌 대사인연大事因緣이 반드시 마땅한 사람과 때를 기다려야 되는 것이 아니겠는가?

하루는 절의 승려가 기쁨을 이기지 못하고 나에게 그 일을 기록해 달라고 청하였다. 나는 부족한 글재주를 사양하지 못하고, 게다가 은혜에 감동하는 절 승려의 마음과 단월들이 보시한 덕을 기뻐하여 이것을 기록하노라.

摩訶寺大雄殿重修翻瓦有功記

金蓮山。蟠據海上外。視若一凡岀也。然磅礴之氣。掩映重霄。水石繞其左右。烟霞藏其中間。信其爲萊州一奇區也。是寺也。文獻亡徵。未知剏始何代襖也。而今所存者。大雄羅漢兩堂。一爐殿一寮舍。自剏始後。不知幾度重修。而歲月旣深。刧海累變。顧今法宇頹廢。風雨滲漏。雖有重新之心。事山力蚊。僧不堪憂。歲在丁亥三月日。水相國韓公。樂以山水翫景。命駕行次。見其佛宇頹廢。風雨侵臨。決然有重新之意。分付營中執事廳。議以克合定。禮峯上人爲化主。踏印勸文。使之行化。營邑鎭村。及其境內寺刹。得數百兩。始役四月。告功閏月。佛宇之滲漏。永爲翻瓦。椽柱之朽傷。易而新之。其他寮舍廢處。隨補可觀。噫。舊日裵相國休。爲觀察使。重修越州龍興大殿。今韓公有方便之力。使數十年廢壞之佛宇。一朝新之。豈非大事因緣。必待其人竢其時而爲之歟。一日寺僧。蹈舞不勝。請余記之。余不辭文詞之不足。且喜寺僧感惠之意。及其檀越捨施之德。是以記之。

마하사 나한전 중수 모연문

땅의 가없는 만물은 모두 동황東皇[149]의 낳아 주는 은택을 입고, 하늘의 끝없는 중생들은 나한羅漢의 신변神變의 행行에 보답하기 어렵습니다. 생각하건대 옛날의 나한 법당은 지금에 있어서는 응공應供의 복실福室입니다. 그러나 마룻대는 기울고 벽은 파괴되었으며, 왼쪽으로 기울고 오른쪽으로 쓰러졌으며, 긴 기둥과 짧은 서까래는 위로 비가 새고 아래로 바람이 들이칩니다.

수리하고자 하지만 일은 큰데 힘은 적고, 재물을 모으고자 하지만 덕은 얇고 계획은 졸렬합니다. 다만 산은 흙덩이라도 사양하지 않고 바다는 작은 물이라도 양보하지 않기에 스스로 적은 힘을 헤아려 인연 있는 이들에게 두루 알립니다.

삼가 선남자 선여인은 모두 대자비를 미루고 각기 보시바라밀을 넓혀서 함께 이 일을 돕기를 바랍니다. 한 사람을 모집해서 천백만 인에 이르고, 1문文을 보시하여 천백만 문文에 이르러서 제비와 참새(燕雀)가 새로 이루어진 것을 축하하고 새 건물이 옛날의 더러움을 씻는다면, 어찌 이 납자衲子들만이 나한羅漢을 정성껏 받들겠습니까? 저 만인들도 우러러 공경하고 복을 심는 터전이 될 것입니다. 이 일은 하지 않으면 안 되는 일입니다.

摩訶寺羅漢殿重修募緣文
大地無邊萬物。皆蒙東皇發生[1]澤。昊天罔極衆生。難報羅漢神變之行。憶昔羅漢法堂。在今應供福室。然而傾棟破壁。左斜而右倒。長柱短椽。上雨而傍風。欲以修治。事巨力綿。欲以鳩財。德涼計拙。但以山不捨於土壤。海不讓於細流。乃自揣綿力。編[2]告有緣。伏願善男女。咸推大慈悲。各弘檀度。共助斯役。募一人以及千百萬人。施一文以至千百萬文。使燕雀賀新成。輪奐洗舊陋。則豈徒爲此衲子。奉羅漢之誠悃。抑亦爲彼萬人。瞻敬植福之場矣。此不可不爲也。

---

1) ㉑ '生' 아래에 '恩之'가 빠진 듯하다. 2) ㉑ '編'은 '徧'인 듯하다.

대성암大聖庵 본채(體寮) 번와와 익랑翼廊 중수 모연문

부유하매 늘 부유함이 없고 가난하매 늘 가난함이 없습니다. 빈부가 순환하고 흥폐가 서로 이어짐은 사물의 이치가 항상 그러해서 진실로 이상할 것이 없습니다.

본 암자는 옛날에는 번성하고 부유했지만 지금에 보니 가난하고 쇠잔합니다. 본채는 물이 새서 비바람을 피하기 어렵고 별채는 썩고 상하여 무너질까 두렵습니다.

이제 중수하는 날을 맞이하여 실로 재력의 도움이 없어 일은 큰데 힘은 적으니, 원통한 새가 바다를 메운다[150]고 할 만합니다.

계책은 궁하고 논의는 졸렬하니 어찌 어리석은 노인이 산을 옮기는 것[151]과 다르겠습니까? 그러므로 여러 방房에 널리 모의하자 찬성하는 사람이 많았습니다. 또한 마음을 헤아려 돕고자 하는 덕을 가진 스님도 있었습니다.

삼가 각기 넉넉한 은혜를 드리우기 바랍니다. 가령 실효가 있다면 이로부터 훌륭한 장인들이 옛날 제도를 바꿀 것입니다. 그런 뒤에 불조佛鳥는 새로 이루어진 것을 축하하고, 금륜金輪과 법륜法輪은 함께 구르며, 복은 3아승지겁을 초월하고, 순일舜日과 불일佛日은 다시 밝아지며, 수명은 억겁에 이를 것입니다.

大聖庵體寮翻瓦翼廊重修募緣文

富無長富。貧無長貧。貧富廻環。興廢相尋。物理常然。固無足怪。本庵在昔殷富。見今貧殘。體寮滲漏。難避風雨。翼廊朽傷。可畏傾覆。今當重修之日。實無財力之資。事巨力綿。可謂冤禽之塡海。計窮謀拙。何殊愚叟之移山。是以博謀諸房。乃多同聲之人。亦乃忖度中心。度有相助之德。伏願各垂優惠。使有實效。則自此良工改舊制。然後佛鳥賀新成。金輪法輪同轉。福越三祇。舜日佛日再明。壽延憶刦。

임오년 동갑내기 헌답獻畓 유공기

계契가 계가 되는 이유는 시작도 공적인 일을 위하여 시작하고 마침도 공적인 일을 위하여 마치기 때문이니, 공적인 일을 위하여 시작하거나 마침이 이와 같이 좋은 일도 없을 것이다. 『주역周易』에서 "이로움은 의에 화합함이다.(利者。義之和也。)"[152]라고 하였다. 지금 동갑의 회원들은 화합은 이익을 균등히 하기에 충분하고 정의情誼는 형 아우하기에 충분하며, 마음은 믿음을 맺고 의로움을 굳건히 하기에 충분하다. 계를 공적인 일을 위하여 쓰면 기울어진 것은 붙들어 주고 폐해진 것은 보태 주며, 자신을 위하여 쓰면 기氣는 온화해지고 마음은 순조롭게 된다. 그러므로 공적인 일에는 우선하고 사적인 일에는 뒤로 돌린다.

회원들이 각기 쌈짓돈을 내어 이자를 증식하는 밑천으로 삼고, 수십 년 이래로 성실하고 간절한 마음으로 이자를 증식하는 사이에 거의 수백 금金에 이르자, 논 80두락의 땅을 사고 전문錢文 150냥을 가지고 절에 바쳐 길이 썩지 않는 복전福田을 지었으니, 진실로 몸을 수고롭게 한 이들은 동갑의 회원들이고, 절을 도와주는 이들도 여섯 동갑의 회원들임을 알겠구나. 처음에는 몸을 수고롭게 하는 고통이 있어 겨우 이자 증식을 위한 재물을 댈 수 있었고, 마지막에는 논을 바치는 정성이 있어 절을 돕는 공로를 드리우기에 충분하였다. 지금의 회원들은 시작이나 마지막이나 공적인 일을 위하여 일어났다고 할 수 있다.

아, 이와 같은 큰 공과 큰 덕이 있지만 평범한 일로 간주하여 사라지게 내버려 두고 기록하지 않는다면, 후대의 사람들이 그들의 공을 추모하고자 하여도 어디에서 그것을 구하겠으며 어디에서 그것을 보겠는가? 기록하지 않고 사라지게 하는 것보다는 붓을 잡고 먹을 희롱하는 것이 낫지 않겠는가? 그러므로 나는 부족한 글재주를 돌아보지 않고 기록해서 여러 회원들의 공로가 사라지지 않아 영원하게 하고자 할 뿐이다. 그러나 공은 스스로 공이라고 여길 수가 없고 남들이 공으로 인정해 주어야만 하고, 남들은 스스로 공이라고 여길 수가 없고 힘을 쓰는 이(用功者)들이 공으로 인정해야만 한다. 그러므로 유공기有功記를 지어 벽에 걸어 지금 사람들에게 보여 주고, 또 후세에 힘을 쓰는 이들과 그 공을 사모하는 이들에게 알리고자 할 뿐이다.

壬午甲獻畓有功記

夫稧[1]之爲契。其始也。爲公而始。其終也。亦爲公而終。則其爲公而終始。宜無如是之良者矣。易曰。利者。義之和也。今之甲員。其和足以同均其利。其誼[2]足以稱兄曰弟。其心足以結信固義。用之爲公。則扶傾補廢。用之爲己。則氣和心順。是以先於公後於私。各出囊財。以爲殖利之本。而自數十年來。以[3]勤勤懇懇於殖利之間。幾[4]至爲數百金。買[5]畓八十斗地只。及其錢文[6]一百五十兩。奉[7]獻于寺中。長作不朽之福田。固知勞身者。甲[8]員也。補寺者。亦六甲[9]員也。其始也。有勞身苦。[10]僅足以報其殖利之貨。其終也。有獻畓之誠。旣足以垂其補寺之功。今[11]之諸員。可謂終始爲公而發也。噫。有如是之大功大德。[12]而若見之尋常。歸之泯沒。不入于鋟榟。[13]則後之人。雖欲慕其功。其從何而求[14]之。亦從何而視之。[15]與[16]其不記而泯沒。曷若操瓢而弄墨。[17]故余[18]不顧文辭之不足。乃爲之記。欲使諸員之功。無至於泯沒。而亘古長今而已。然則功不能自功。惟人功之。人不能自功。惟用功者功之。故作有功記。揭[19]之于壁上。[20]以貽于[21]今。而亦欲聞於後之用功者。及其慕功者云爾。[22]

---

1) 옘『범어사지』에는 '稧'가 '契'로 되어 있다. 2) 옘『범어사지』에는 '誼'가 '義'로 되어 있다. 3) 옘『범어사지』에는 '來以'가 '以來'로 되어 있다. 4) 옘『범어사지』에는 '幾'가 없다. 5) 옘『범어사지』에는 '買' 앞에 '而'가 더 있다. 6) 옘『범어사지』에는 '文'이 없다. 7) 옘『범어사지』에는 '奉'이 없다. 8) 옘『범어사지』에는 '甲'이 '諸'로 되어 있다. 9) 옘『범어사지』에는 '六甲'이 '諸'로 되어 있다. 10) 옘『범어사지』에는 '苦' 앞에 '之'가 더 있다. 11) 옘『범어사지』에는 '今'이 '此'로 되어 있다. 12) 옘『범어사지』에는 '大德'이 '力'으로 되어 있다. 13) 옘『범어사지』에는 '不入于鋟榟'가 없다.

14) ㉡『범어사지』에는 '求'가 '慕'로 되어 있다. 15) ㉡『범어사지』에는 '視之'가 '示之哉'로 되어 있다. 16) ㉡『범어사지』에는 '與' 앞에 '且'가 더 있다. 17) ㉡『범어사지』에는 '墨'이 '龜'로 되어 있다. 18) ㉡『범어사지』에는 '余'가 없다. 19) ㉡『범어사지』에는 '揭'가 '書'로 되어 있다. 20) ㉡『범어사지』에는 '上'이 없다. 21) ㉡『범어사지』에는 '于'가 없다. 22) ㉡『범어사지』에는 '爾'가 없다.

종계서 宗契序

근원은 지류가 없는 물이 없고 지류는 근원이 없는 물이 없다. 지금 계 契라고 하는 것은 어찌 근원이 없겠는가? 우리의 도道는 선종禪宗과 교종 敎宗 두 종이 있다. 교종은 방책方冊에 실려 있고 선종은 문자를 떠나 있다. 서른세 명의 조사로부터 등燈에서 등으로 서로 이어지고 불꽃(焰)에서 불꽃으로 이어져 끊어지지 않았다. 그런 까닭에 우리나라 나옹懶翁 화상이 당나라에 들어가 처음 지공指空 화상을 참배하여 비로소 현묘한 뜻을 깨달았고, 다음에는 평산平山[153]을 참배하여 종풍을 깊이 통하고서 본국에 돌아왔다. 지류가 넘치고 가지가 갈라졌지만 하나의 심종心宗으로 관통한다. 청허清虛 대사에 이르러 이 도는 미약하게 전해졌다. 이후로 그의 제자들이 종풍을 물려받아 서로 이어서 끊이지 않게 했으니, 어디를 간들 없을까마는 마음으로 전하는 한 맥脈만은 과연 지금 어디에 있는가? 다만 그 이름만 남았고 실제는 없다.

동한東漢 때에 위백양魏伯陽[154]은 성품이 도가道家의 술법을 기뻐하여 『참동계』를 지었는데, 여러 제자들과 산에 들어가 신단神丹을 만들어 함께 그것을 먹고는 모두 신선이 되어 떠났다. 대송大宋 때에 소노천蘇老泉[155]은 〈소씨족보서蘇氏族譜序〉를 지어 동족들이 소원해져 길가는 사람처럼 보는 것을 개탄하였다. 그러므로 "소홀히 하여 잊는 지경에 이르지 않도록 해야만 되겠다."라고 하였다.

지금 계를 만든 뜻은 진실로 백양과 노천과 같은 반열에 있지 않으나, 1년에 한번 만나 연모燕毛[156]를 구별하여 노인을 노인 대접하고 어른을 어른 대접함이, 조정에서는 관직의 순서에 따르고 향읍鄕邑에서는 나이의 순서에 따르는 것과 같이 한다면, 어찌 공경함과 인사가 없을 수 있겠는가?

전에는 종계宗契의 이름이 없었다. 중간에 울암蔚庵 화상이 여러 존숙尊

宿들과 각기 자신들의 재물을 내어 애써서 재물을 늘렸다. 그 뒤로 작가作
家로 계에 참여하는 스님들이 재물을 내놓은 것도 그렇게 해서 종계라고
하였다. 그러니 근원과 지류가 한 물이고 가지와 잎이 같은 나무임을 함
께 안다면, 진실로 종계의 이름에 부끄러움이 없을 것이다. 만약 그렇지
않다면 크게 종계의 뜻을 저버리게 될 것이다.

宗契序

源無無派之水。派無[1]源之水。今契之云云。豈無根源乎。吾道有禪敎兩宗。
敎之一宗。布載方冊。禪之一宗。離文絶字。自卅三祖師。燈燈相續。焰焰
不絶。所以我國懶翁和尙入唐。初叅指空和尙。始悟玄旨。次叅平山。深徹
宗風。歸來本國。派衍枝分。洞一心宗。傳至淸虛大師。斯道微傳。玆以後
爲其弟資。襲其宗風。相繼不絶。何往無之。但心傳一脉。果今安在。徒有
其名。而無其實也。東漢之世。魏伯陽。性喜道家之術。作叅同契。與羣弟
子入山。造煉神丹。同一服之。皆以仙去。大宋之時。蘇老泉。作蘇氏族譜
序。慨歎同族踈遠。其視如塗人。故曰。使其無致於忽忘焉而可也。今契之
設意。誠不在伯陽老泉之同列。而但一年一會。區別燕毛。老其老。長其長。
猶朝家之序爵。鄕邑之序齒。則烏得無敬且董乎。前無宗契之名。中間蔚庵
和尙。與諸尊宿。各出己財。努力殖貨。其後以來。作家叅契之師。出財亦
然。名之曰宗契。然則共知源派之一水。枝葉之同木。則固無愧於宗契之
名。若不如是。孤負宗契之旨大矣。

---

1) ㉮ '無' 뒤에 '無' 자가 빠진 듯하다.

새 영정을 봉안하는 축문

아, 법의 사부여
하늘이 고매한 성품을 부여하여
동진童眞 출가하고
바른 믿음으로 부처님께 투신하셨습니다.
말을 내면 격조에 맞고
일에 임하면 이치에 합당하여
덕음德音이 사람들에게 있으니
누가 감히 받들지 않겠나이까?
사문沙門의 높은 표상이고
총림叢林의 대덕大德이셨습니다.
어찌 속진을 싫어하여
갑자기 즐거운 나라(樂邦)로 돌아가셨는지요?
자비의 배(慈舟)가 노를 잃었으니
바다의 객(海客)은 어디에 의지하겠습니까?
은혜로운 가지(惠柯)가 무너져 버렸으니
문의 권속들은 의지할 데가 없습니다.
슬퍼도 미칠 수가 없고
한탄하여도 따라갈 수가 없습니다.
아, 작은 제자들은
감개와 사모를 그치지 못합니다.
새로 영정을 이루고는
길일을 택해서 정했습니다.
삼가 박한 음식을 갖추어
여기에다 봉안합니다.

지금부터
제사가 끊이지 않도록 할 터이니
굽어 살펴 주시고
삼가 흠향하시길 바라옵나이다.

新影奉安祝文

猗與法傅　天賦高邁
童眞出家　正信投佛
出言當格　臨事合理
德音在人　孰敢不承
沙門高標　叢林大德
如何厭塵　遽歸樂邦
慈舟失棹　海客何依
惠柯已頹　門眷無賴
悲而無及　恨而莫追
嗟嗟小資　感慕不已
新成影貌　擇定吉日
謹備薄供　奉安于玆
其始自今　禋祀無窮
俯垂鑑格　伏惟尙饗

염念[157] 상인을 보내며

상인上人은 황해黃海 사람이다. 하늘이 명한 성품(性)을 받아 진실한 생각(念)을 지킨다. 세상에 처해서도 그 성품이 변하지 않고 세속을 따라도 그 생각이 동요하지 않는다. 이와 같은 살아 있는 물건(活物)은 잡으면 보존되고 놓으면 떠나간다. 그러므로 이 성性과 염念이라는 두 글자로써 이름 지었으니, 이름을 돌아보아 뜻을 생각해서 그 품부 받은 살아 있는 물건을 잃지 않고자 바랐기 때문이다.

경전 익히는 장소를 두루 다니고 이름난 스님을 두루 참배하고는 그 가르침의 내용을 씹어서 자기 것으로 삼았다. 나를 따라와서 살면서 더불어 말을 하면 문사文史의 재질이 다른 이들보다 뛰어나고, 깨닫고 이해하는 것이 높고 분명하였다. 겨우 두 달이 지났을 뿐인데 한 질의 고문古文을 다 읽었다. 지금 돌아가는 길에 시구詩句를 청하기에 나는 앎과 이해가 높고 분명하며 몸가짐이 조신한 것을 사모하여 시 한 수를 지어 보낸다.

送念上人

上人。黃海人也。禀天命之性。守眞實之念。處世而不變其性。隨俗而不動其念。是如活物。操則存之。放則去之。故以是兩字名。盖欲顧名思意。不失其所禀之活物故也。周遊講場。歷叅名師。咀嚼其敎味。以爲己有。而從余來居與之語。文史才質邁倫。悟解高明。纔過兩個月。而讀盡一秩古文。今其歸路。請於詩句。故余慕其知解高明。持身謹愼。作一首詩。以遣之。

범어사 승군僧軍 등장等狀[158]

사람이 아버지에게 몹시도 원망하는 마음이 있는데, 침묵하고 아뢰지 않는 것은 효가 아니고, 아뢰되 사실대로 아뢰지 않는 것도 효가 아닙니다. 이 절은 신라 때의 고찰古刹이고, 또한 변경 방어의 중요한 땅이어서 산성山城을 설치하고 군오軍伍를 나열하여 완급緩急의 때에 대비합니다. 그러므로 조정에서 생각하는 것과 영읍營邑에서 돌아보고 보호하는 것이 다른 보통의 절과는 아주 다릅니다.

이와 같은 절이기에 옛날 강희康熙 42년(1703) 계축년에 금정산성金井山城을 짓고 비로소 5백 명의 승군을 두었습니다. 중간에 조정의 망극한 은혜를 특별히 입어 5백 명의 승군에서 2백 명을 덜었지만 그때 이후로 세월이 점차 오래되어 승려들은 스스로 지킬 수 없었고, 절은 지탱하기 어려운 지경에 처했습니다. 백 년 전에 판서判書 조엄趙曮 대감께서 순영巡營에서 정무를 보자 역시 불후不朽의 은택을 입어 3백 명의 승군에서 2백 명을 줄여서 백 명의 승군만이 남게 되었습니다.

매번 본부本府에서 점열點閱하는 때가 되면 백 명의 승군이 점열을 익히는 곳으로 모두 나아가는데, 왕래하는 사이가 사나흘이고, 그때의 식비食費는 통계를 내면 적지 않습니다. 그러나 일찍이 본부에서 희름餼廩[159]의 도움이 없어 모두 승군의 쌈짓돈에서 나옵니다. 이 때문에 봄과 가을에 점열할 때가 되면 승군들이 원한을 품고 한탄하는 것은 다른 일이 아닙니다. 가령 도道마다 각기 읍에는 모두 별포別砲[160]의 이름이 있어 그들에게 희름을 내리는데, 백 명의 승군에게는 몇 백 냥이나 몇 백 석의 쌀이나 돈을 대준 적이 없습니다.

아, 몹시 슬픕니다. 수백 년이나 이어온 승군이 별포군別砲軍의 경우보다 못하단 말입니까? 차별 없이 대우하는 도道로 말한다면 승속僧俗의 구별이 있는 듯합니다. 그러므로 승군이 원망하고 부르짖어도 우러러 진달

할 길이 없었습니다.

이제 정사를 밝게 다스리는 분의 행차를 만나 얼마나 다행인 줄 모릅니다. 또 자애로운 아버지의 후덕한 인자함을 만났으니, 침묵하고 아뢰지 않음은 불효에 가까울 듯하여 이로 인하여 감히 죽음을 무릅쓰고 일제히 하소연합니다. 헤아리신 뒤에 훤히 살펴 주시길 기대하고, 군정軍情을 긍휼히 여겨 백 명의 승군에게 희름의 도움을 특별히 내려 만대萬代에 불후의 풍성風聲을 심도록 하옵소서.

개국 504년(1895) 을미乙未 중춘仲春에 대성암에서 글을 베낀다.

梵魚寺僧軍等狀

夫人之於父。極有寃情。而緘默不告者。非孝也。告之而不以實告之者。亦非孝也。此寺卽羅代古刹。亦邊防重地。設山城。列軍伍。以備緩急之時。故朝家之軫念。營邑之顧護。與他尋常寺刹逈異。是如此寺。往在康熙四十二年癸未。¹⁾ 刱設金井山城。始列僧軍之五百。中間特蒙朝家罔極之恩。五百名僧軍。蠲減二百名是乎乃。**161** 玆自²⁾以來。歲月浸尋。僧不能自保。寺有難支之境矣。百年前。趙判書大監。莅政巡營。亦蒙不朽之澤。三百僧軍。減給二百名。但見存一百名僧軍。每當本府點閱之時。百名僧軍咸赴習閱之場。凡往來間三四日。其時食費。統計不少。而曾無本府饋廩之資。皆出於僧軍囊中之費。以是之故。每當春秋點閱。則僧軍之抱寃嗟恨者。非他也。至若各道各邑。皆有別砲之名。爲有饋廩之賜。至於百名僧軍。曾無幾百兩。幾百石錢米間廩給之資。吁。亦痛矣。自累百年流來之僧。尙不如別砲之例乎。至於一視之道。有若僧俗之別。故僧軍之寃呼。仰達無路矣。何幸今逢明政之行次。又値慈父之仁厚。緘默不告似近於不孝乙。**162** 仍于。**163** 玆敢昧死齊訴爲白去乎。**164** 參商敎是**165**後。洞鑑輿望。矜恤軍情。特賜一百名僧軍饋廩之資。以樹萬代不朽之風聲爲白只爲。**166**

開國五百四年乙未仲春。抄于大聖庵。

---

1) ㉠ '末'는 '丑'의 오자인 듯하다. 2) ㉑ '玆自'는 '自玆'인 듯하다.

주

1 금릉金陵에서 서로~시를 읊으리라 : 금릉에 봉황대鳳凰臺가 있는데, 이백이 시를 짓고 놀던 곳이다.
2 새해 맞느라 : 원문은 '수세守歲'로 제석除夕에 밤새도록 잠을 자지 않고 새해 아침이 밝아 오는 것을 기다려 맞는 것을 말한다.
3 동장銅章 : 지방 수령이 차는 관인官印으로 동부銅符라고도 하는데, 여기서는 원님을 가리킨다.
4 병발瓶鉢 : 승려가 지니는 물병과 발우를 뜻하는데, 여기서는 승려들을 가리킨다.
5 역마驛馬 길 : 관원이 되어 지방에 부임한 것을 말한다.
6 병석瓶錫 : 병甁은 먹는 물을 넣는 용기이고, 석錫은 행각할 때 사용하는 석장錫杖으로 비구의 18물건을 대표한다.
7 육률陸律 : 송宋나라 육방옹陸放翁의 시를 말한다. 시풍이 두보杜甫를 본받아 우국憂國의 정을 읊은 것들이 많다.
8 어느 날에야~서씨를 방문할까 : 서씨는 서불徐市을 가리킨다. 진시황秦始皇 때에 방사方士 서불이 불사약不死藥을 구하기 위하여 동남동녀童男童女 5백 명을 데리고 동해의 삼신산三神山으로 들어갔다고 한다.
9 동정추월洞庭秋月 : 이 시와 다음에 나오는 일곱 수는 소상팔경瀟湘八景을 읊은 시이다. 소상팔경은 중국 소수瀟水와 상수湘水 부근에 있는 여덟 곳의 아름다운 경치로 평사낙안平沙落雁·원포귀범遠浦歸帆·산시청람山市晴嵐·강천모설江天暮雪·동정추월洞庭秋月·소상야우瀟湘夜雨·연사모종煙寺暮鍾·어촌석조漁村夕照를 말한다.
10 진秦과 오吳 : 동정호에 접한 남쪽 지방을 뜻하기도 하고, 멀리 떨어져 있다는 뜻이기도 하다. 이백의 〈선성송유부사입진宣城送劉副使入秦〉시에서 "이곳에서 다시 천 리 이별하니, 진과 오가 하늘가에 아득하리라.(此別又千里。秦吳渺天涯。)"라고 하였다.
11 이 해는~물에 목욕하고 : 함지咸池는 해가 목욕을 한다는 곳이다. 『회남자淮南子』「천문훈天文訓」에서 "해는 양곡에서 나와 함지에서 목욕한다.(日出於暘谷。浴於咸池。)"라고 하였다.
12 새벽엔 약목若木의 바람에 소요하리라 : 약목은 서방의 해가 지는 곳에서 자라는 큰 나무라고 한다. 또는 부상扶桑이라고도 한다. 여기서는 부상의 뜻으로 쓰였다. 부상은 동해 속에 있다는 상상의 신목神木 이름으로 해가 뜰 때에는 이 나무의 가지를 흔들고서 올라온다고 한다.
13 떠들썩한 금곡원金谷園은~폐허 되었도다 : 금곡원은 진晉나라 대부호大富豪인 석숭石崇의 별장이 있는 곳이다. 석숭은 매양 이곳에 빈객賓客을 모아서 시부詩賦를 짓고 술을 마시며 매우 호사스럽게 놀았다.

14 만일 송宋나라~손길 만난다면 : 송나라의 자서子西는 송나라 때의 문장가 당경唐庚
(1071~1121)을 말한다. 그는 〈家藏古硯銘〉에서 "붓의 수명은 날짜로 계산하고 먹의
수명은 달로 계산하고 벼루의 수명은 세대로 계산한다.(筆之壽以日計。墨之壽以月計。
硯之壽以世計。)"라고 하였다.
15 청련靑蓮 : 당唐나라 이백李白의 호가 청련 거사靑蓮居士이다.
16 모영毛穎 : 한유韓愈가 붓을 의인화하여 묘사한「毛穎傳」에서 인용한 말로 붓의 별칭
으로 쓰인다.
17 섬궁蟾宮의 절경은~녹일 만하기에 : 섬궁은 달나라에 있다고 하는 월궁月宮을 말한
다.
18 현홀玄笏 : 먹을 의인화한 말이다.
19 관성管城 : 붓을 의인화한 말로 관성자管城子의 준말이다. 한유의「모영전」에서 "진
시황이 장군 몽염蒙恬으로 하여금 붓에게 탕목읍을 내리고 관성에 봉해 주게 하여 관
성자라 호칭했다.(秦皇帝使恬。賜之湯沐而封諸管城。號曰管城子。)"라고 하였다.
20 붓 씻는~게 없고 : 붓을 잘 길들여 오래가게 하려면 유황주硫黃酒로 털(毫)을 펴야
한다고 한다.
21 원통圓通 : 주원융통周圓融通의 준말로 부처님과 보살의 깨달음의 경지를 말한다.
22 혹리酷吏 : 햇볕을 혹독한 아전에 비유한 말이다. 두목杜牧의 시에서 "무더운 여름날
혹독한 관리도 물러가고, 맑은 바람 속에 벗님이 찾아왔네.(大熱去酷吏。淸風來故人。)"
라고 하였다.
23 풍성豊城 : 지명으로, 여기에 묻힌 용천龍泉과 태아太阿의 두 보검이 밤마다 두우斗
牛 사이에 자기紫氣를 발산하였다는 전설이 있다.
24 구야歐冶 : 춘추시대의 유명한 검 제작자 이름이다. 월왕越王을 위해 거궐巨闕·담로
湛盧·승사勝邪·어장魚腸·순구純鉤의 5검을 만들었고, 초왕楚王을 위해 용연龍淵·
태아太阿·공포工布의 3검을 만들었다고 한다.
25 성곽 도는~지금 맞이한다오 : 조선시대 때 과거 급제를 기원하기 위해 성곽을 도는
풍습이 있었다고 한다.
26 의상대 : 부산 금정산에 있는 바위 이름이다. 의상 대사가 동해 바다를 바라보면서
나라의 안녕을 빌었다고 해서 의상망해義湘望海라고도 한다.
27 준오踆烏는 부상扶桑의~깃을 떨치고 : 준오는 태양에서 산다는 삼족오三足烏로 태
양을 비유한다. 부상은 전설상의 나무 이름으로 동쪽의 해가 뜨는 곳에서 자라는 큰
나무라고 한다.
28 직오織烏는 약목若木의~위에 날아오르겠지 : 직오도 태양을 비유한 말이다. 약목도
전설상의 이름으로 서쪽의 해가 지는 곳에서 자라는 큰 나무라고 한다.
29 학 : 원문은 '仙禽'으로 선인仙人이 타고 다니는 학鶴을 가리킨다.

30 솔잎차 : 송절다松節茶라고도 하며, 솔잎을 잘라서 쌀과 누룩으로 발효시킨 것이다.
31 자장子長 : 『史記』를 지은 사마천司馬遷의 자字.
32 종소宗少 : 남조南朝 송宋나라의 종병宗炳을 가리킨다. 거문고와 서화書畫를 좋아했다. 늙고 병들어 명산名山을 다니지 못하게 되자 과거에 본 바를 모두 실내에 그려 붙이고 누워서 유람했다고 한다.
33 지도支道 : 진晉의 고승 지둔支遁으로 자는 도림道林이다. 지형산支硎山에 은둔하여 수도하였으므로 세상에서는 지공支公 또는 임공林公이라 하였다.
34 해낭奚囊 : 당나라 이상은李商隱을 말하니, 외출할 때는 항상 어린 계집종(奚奴)에게 나귀를 타고 배낭을 메고 따르게 하여 자신이 시를 지어 그 주머니에 보관하게 하였다고 한다.
35 우리 금어金魚를~운수雲樹의 맛이니 : 금어는 황금으로 고기 모양과 같이 만든 대袋로 당대唐代 3품관 이상이 차던 것이다. 여기서는 원님을 말한다. 운수는 벗을 그리워하는 마음을 뜻한다.
36 백부白傅 : 당唐나라의 문장가인 백거이白居易가 태자소부太子少傅를 지냈으므로 백부라 칭한다. 여기서는 원님을 말한다.
37 노니는 어느~광려산匡廬山이 아니리오 : 광려산은 중국 여산廬山을 말한다. 옛날 은자隱者 광유匡裕 선생이 여산에 숨어서 글을 읽으며 지냈기 때문에 광려산이라고 한다.
38 초나라의 충성스러운~지금도 있는가 : 초나라의 충성스러운 혼은 상강湘江, 즉 멱라수汨羅水에 몸을 던진 초나라 삼려대부 굴원屈原을 가리킨다. 단오는 멱라수에 몸을 던진 굴원을 추모하기 위한 것이다.
39 촉도蜀道 : 촉蜀나라로 통하는 험준한 잔도棧道를 말한다. 이백李白의 〈蜀道難〉이라는 악부樂府가 있다.
40 단옷날 아름다운 절기 : 천중가절天中佳節은 음력 5월 5일 단오일의 별칭인 천중절天中節을 아름답게 일컫는 말이다.
41 봉주蓬州 : 동래東萊의 별칭이다.
42 달팽이 뿔 : 하찮은 일로 서로 다투는 세상을 비유하는 말이다. 『莊子』「則陽」에서 "달팽이의 왼쪽 뿔 위에 있는 나라를 촉씨觸氏라 하고, 오른쪽 뿔 위에 있는 나라를 만씨蠻氏 하는데, 서로 영토를 다투어서 전쟁을 하였다."라고 하였다.
43 호계虎溪에서 웃고~그대를 보내네 : 호계는 동진東晉의 고승 혜원慧遠이 거처한 여산廬山 동림사東林寺 앞의 시냇물 이름이지만, 여기서는 절 앞 시내라는 뜻으로 쓰였다. 원문 '方袍'는 비구가 입는 세 종류의 가사袈裟이다. 모두 네모난 옷이므로 이렇게 말하는데, 여기서는 해룡 상인을 가리킨다.
44 봉영蓬瀛 : 봉래蓬萊와 영주瀛洲의 병칭으로 방장方丈과 함께 바다 가운데 있다고 전

하는 삼신산三神山을 가리킨다.
45 문옹文翁 : 한漢 경제景帝 말기의 사람이다. 그가 촉군蜀郡을 맡아 다스리면서 교화를 숭상하고 많은 학교를 세워 성도成都에 문풍文風이 크게 일어났다고 한다.
46 경거瓊琚 : 보배로운 구슬로 남의 훌륭한 시문을 뜻한다. 『詩經』「衛風」〈木瓜〉편에서 "나에게 모과를 주거늘 경거로써 갚는다.(投我以木瓜, 報之以瓊琚.)"라고 한 것에서 유래하였다.
47 야주夜周 : 뜻은 미상이다.
48 남화南華가 나를~자리로 부르니 : '남화南華'와 '추담秋覃'은 인명인 듯하다.
49 바지 거꾸로 입고 달려간다 : 경황이 없어서 옷을 거꾸로 입는다는 뜻으로 여기서는 서둘러 간다는 표현이다.
50 광악匡岳 : 여산廬山의 별칭이다.
51 혜휴惠休 : 남조南朝 송宋 때의 승려이다. 시문에 능하여 세조世祖로부터 환속의 명을 받고 탕湯의 성을 하사받았다.
52 변방에 이를~근심 없다오 : 이를 검게 만들고 이마에 새기는(漆齒雕額) 것은 오랑캐의 풍속으로 여기서는 왜구의 침입이 없다는 것을 이른다.
53 한밤에 달~유 공庾公의 누대로세 : 유 공은 유량庾亮을 말한다. 진晉나라 유량이 무창武昌을 다스릴 때 어느 달 밝은 밤 부하 관원들이 남루南樓에서 베푼 주연酒宴에 함께 참석하여 격의 없이 유쾌하게 노닐었다는 고사가 있다.
54 세밑 추운~찾아가는 줄 : 원문 '抱關'은 문지기라는 뜻으로 미관말직微官末職을 뜻한다. 가난 때문에 벼슬하는 경우에는 높은 관직을 사양하고 문 지키는 일(抱關)이나 밤에 순찰 도는 일(擊柝)처럼 미천한 일을 맡아야 한다는 말이 『孟子』「萬章」하편에 나온다.
55 도연명이 떠난~나뭇가지만 늘어졌네 : 진晉나라 도잠陶潛이 집 앞에 버드나무 다섯 그루를 심어 놓고 자신의 호를 오류 선생이라 하면서 『五柳先生傳』을 지은 일이 있다.
56 수신사修信士 : 통신사通信士를 말한다.
57 외딴 곳 : 원문은 '絶域'으로 섬나라인 일본을 뜻한다.
58 염念 학인 : 성념性念이다. 뒤에 성념 상인을 보내면서 준 글이 있다.
59 결하結夏 : 하안거安居를 말한다. 음력 4월 16일부터 7월 15일까지 일체 외출하지 않고 이 기간 동안 한데 모여 수행하며 정진을 한다.
60 소찬素饌 : 고기나 생선이 섞이지 않은 채소만으로 된 반찬을 말한다.
61 맹종孟宗에 감동해야~죽순 자라고 : 오吳나라 강하江夏 사람 맹종이 어미를 효성으로 섬겼는데, 그 어미가 죽순을 즐겨 먹었다. 겨울에 그 어미가 죽순을 찾자 맹종이 죽림竹林에 가서 탄식하니 죽순이 돋았다고 한다.

62 왕상王祥처럼 이름나야~물고기 있다오 : 진晉나라 때의 효자 왕상의 계모 주씨朱氏가 살아 있는 물고기를 먹고 싶어 하였다. 왕상이 한겨울인데도 옷을 벗고서 얼음을 깨고 잡으려 하자 얼음이 저절로 깨지면서 잉어 두 마리가 뛰어나오니, 그것을 가져다 봉양했다는 고사가 있다.

63 「주송周頌」「노송魯頌」 : 모두 『詩經』 편명이다.

64 영산팔상靈山八相 : 줄여서 팔상八相이라고도 한다. 불보살이 이 세상에 출현하여 중생을 제도하려고 일생 동안에 나타내어 보이는 여덟 가지 모습을 말한다. 여러 학설이 있다. 첫째는 강도솔상降兜率相·탁태상託胎相·출생상出生相·출가상出家相·항마상降魔相·성도상成道相·전법륜상轉法輪相·입열반상入涅槃相이다. 둘째는 강도솔상·입태상入胎相·주태상住胎相·출태상出胎相·출가상·성도상·전법륜상·입열반상이다. 셋째는 수태상受胎相·강생상降生相·처궁상處宮相·출가상·성불상·항마상·설법상·열반상이다. 넷째는 재천상在天相·처태상處胎相·초생상初生相·출가상·좌도량상坐道場相·성도상·전법륜상·입열반상이다. 다섯째는 생천상生天相·처도솔천상·하천탁태상下天託胎相·출태상·출가상·항마상·전법륜상·입열반상이다. 여섯째는 주태상·영해상嬰孩相·애욕상愛欲相·낙고행상樂苦行相·항마상·성도상·전법륜상·입멸상入滅相이다.

65 환구幻漚 : 환포幻泡와 같은 말로 현상계는 환상이나 물거품처럼 무상無常하여 일체가 모두 공空임을 비유하는 말이다.

66 은거隱居 : 원문은 '遂初'이다. 벼슬을 그만두고 은거하는 것을 말한다. 진晉나라 손작孫綽이 회계會稽에서 10여 년 동안 노닐면서 〈遂初賦〉를 지어 그 뜻을 표한 고사에서 유래한다.

67 은대銀臺 : 승정원의 별칭이다.

68 반계磻溪의 마음 : 반계는 중국 섬서성陝西省 동남쪽으로 흐르는 강이다. 강태공姜太公이 이곳에서 낚시질을 하다가 주문왕周文王을 만난 것으로 유명하다. 이 시에서 '반계의 마음'이란 강태공과 같이 때를 기다리며 세상을 구원할 포부를 지닌 것을 의미한다.

69 숙야叔夜 : 진晉나라 때 죽림칠현竹林七賢 중 한 사람인 혜강嵇康의 자字이다.

70 이정離亭 : 원래는 이궁離宮 별관에서 조금 떨어진 길거리에 세워진 일종의 휴게소로 옛날에 왕왕 여기에서 송별을 하곤 하였다. 여기서는 이별의 장소를 뜻한다.

71 술 허락한~적이 있고 : 진晉의 혜원慧遠 법사가 백련사白蓮社를 결성하고 서신을 보내 도잠陶潛을 초청했는데, 도잠이 초청을 받고는 "제자弟子는 술을 좋아하여 법사께서 술을 마셔도 좋다고 허락하면 곧 가겠습니다."라고 하자 혜원이 그를 허락하였다는 고사를 말한다. 여기서는 자신을 비유했다.

72 가을 만난~슬픔 견디겠지 : 전국시대 초나라 시인 송옥宋玉이 지은 〈九辯〉 첫머리

의 "슬프다, 가을 기운이여. 쓸쓸하게 초목은 바람에 흔들려 땅에 지고 쇠한 모습으로 바뀌었도다.(悲哉. 秋之爲氣也. 蕭瑟兮. 草木搖落而變衰.)"라는 구절을 말한다.

73 선연仙緣에서 세~며칠 지났나 : 『後漢書』「襄楷列傳」에 "불법佛法을 닦는 승려가 뽕나무 아래에서 사흘 밤을 계속 묵지 않는 것은 시간이 흐름에 따라 애착이 생길까 두려워하기 때문이니, 이는 그야말로 정진精進의 극치라고 할 것이다.(浮屠不三宿桑下. 不欲久生恩愛. 精之至.)"라는 말이 나온다.

74 변화로 된 성 : 원래 『法華經』에 나오는 말이지만 여기서는 절의 별칭으로 쓰였다.

75 돌우물 : 금정산 금샘(金井)을 말한다.

76 다섯 마리 말 : 다섯 필의 말이 끄는 수레로 원님을 가리킨다.

77 옷 만들어~아름다운 날 : 9월을 말한다. 『시경』〈七月〉에서 "7월에 심성이 내려가고 9월에는 옷을 만들어 준다.(七月流火. 九月授衣.)"라고 하였다.

78 외론 구름~새 돌아오는데 : 도연명陶淵明의 〈歸去來辭〉에 있는 "구름은 아무 생각 없이 봉우리 위에서 나오고, 새는 날다 지치면 돌아올 줄 안다.(雲無心以出岫. 鳥倦飛而知還.)"라는 구절을 변형한 것이다.

79 창 앞에는~도연명陶淵明의 국화요 : 도연명의 〈雜詩〉에서 "동쪽 울 밑에서 국화를 따다가 유연히 남산을 바라본다.(採菊東籬下. 悠然見南山.)"라고 하였다.

80 절 밖에는~산 둘렀네 : 사조謝朓의 산은 집 주위의 멋진 산 경치를 표현할 때 흔히 쓰는 표현이다. 사조는 남조南朝 때 사람으로 삼산三山에 올라 경읍京邑을 바라보고 지은 시는 너무도 훌륭하여 심약沈約이 일찍이 3백 년 내로 이런 시를 지은 이가 없다고 칭찬하였다는 고사가 있다.

81 내 도道가~못해 부끄럽지만 : 제齊나라 승려 혜조慧稠가 회주懷州 왕옥산王屋山에 있을 때 호랑이가 싸우는 소리를 듣고는 석장으로 말렸다는 고사가 있다.

82 선탑禪榻 : 스님이 좌선할 때에 사용하는 걸상을 말한다.

83 기원정사祇園精舍 : 중인도의 사밧티국에 있는 정사로 수달須達 장자가 석존과 교단을 위해 세웠다.

84 연석鍊石 : 다듬은 돌. 예전 상고시대에 중국의 황제黃帝가 공공共工을 토벌하는데, 공공이 머리로 부주산不周山을 들이받아 산이 무너졌다. 그런데 그 산은 하늘을 괴는 기둥이었으므로 하늘까지 한 귀퉁이가 무너졌다. 그래서 여와씨女媧氏가 오색五色의 돌을 깎아서 하늘을 기웠다고 한다.

85 만정각자滿淨覺者 : 석가세존을 말한다.

86 동군東君 : 동궁東宮과 같은 말로 세자를 말한다.

87 납월臘月 : 섣달로 음력 12월. 이 달에 납제사를 지냈으므로 납월로 불리게 되었다. 12월 8일에는 지금도 성도재일成道齋日을 지낸다.

88 교진여憍陳如 : 아야교진여阿若憍陳如의 준말. 교진나憍陳那라고도 한다. 부처님이

89 사제법四諦法 : 사성제四聖諦라고도 한다. ① 고제苦諦는 현실의 상相을 나타낸 것으로 현실의 인생은 고苦라고 관하는 것이다. ② 집제集諦는 고苦의 근거 혹은 원인이 있다는 것이다. 이 고의 원인은 번뇌로 특히 애욕과 업業을 말한다. ③ 멸제滅諦는 깨달을 목표인 열반의 상태를 말한다. ④ 도제道諦는 열반에 이르는 방법, 곧 실천하는 수단을 말한다.

90 사부대중四部大衆 : 비구・비구니・우바새優婆塞・우바이優婆夷를 말한다.

91 저절로 옷을 만드는 공덕주功德主 : 배裵라는 글자가 옷을 재단하는 모양이므로 이런 말을 하였다.

92 배 상국裵相國 : 배휴裵休이다.

93 머무르는 바~마음을 내라 : 『金剛經』에 나오는 구절이다.

94 낭야산瑯琊山 : 낭야는 중국 안휘성安徽省 청류현淸流縣 남쪽에 있는 산 이름이다. 송宋나라 구양수歐陽脩가 39세 때인 1045년에 저주 지사滁州知事로 부임하여 취옹정醉翁亭을 세우고 지은 그 기문에 "저주 고을을 에워싸고 있는 것은 모두 산이다. 그중에 서남쪽의 산봉우리들은 숲과 계곡이 한층 더 아름답다. 그곳을 바라보면 수목이 울창하여 그 안이 깊고 봉우리가 우뚝한데, 이는 곧 낭야이다."라고 하였다.

95 백련사白蓮社 : 동진東晉의 혜원慧遠 법사는 여산廬山의 동림사東林寺에서 백련사라는 결사를 만들었다. 향산香山은 여산의 오기인 듯하다.

96 한 말 물(斗水) : 곤경에 처한 사람에게는 약간의 도움만 주어도 위기를 모면하게 할 수 있다는 말이다. 동해의 물고기가 수레바퀴 자국에 고인 물속에 있으면서, 한 말이나 한 되 정도의 물만 부어 주면 살아나겠다고 애원한 학철부어涸轍鮒魚의 고사가 있다.

97 윤환輪奐 : 규모가 크고 아름답다는 뜻으로 건물이 낙성된 것을 축하할 때 쓰는 표현이다. 진晉나라 헌문자憲文子가 저택을 신축하여 준공하자 대부들이 가서 축하하였는데, 이때 장로張老가 말하기를 "규모가 크고 화려하여 아름답도다. 제사 때에도 여기에서 음악을 연주하고, 상사 때에도 여기에서 곡읍을 하고, 연회 때에도 여기에서 국빈과 종족을 모아 즐기리로다.(美哉輪焉。美哉奐焉。歌於斯。哭於斯。聚國族於斯。)"라고 하니, 헌문자가 장로의 말을 되풀이하며 그렇게 되기를 바란다면서 두 번 절하고 머리를 조아리자, 군자들이 축사와 답사를 모두 잘했다고 칭찬한 고사가 전한다.

98 승평세계昇平世界 : 태평한 세계를 말한다.

99 보방寶坊 : 사원을 말한다.

100 흰말이 경전을~총림을 세웠고 : 한漢나라 명제明帝 때 서역에서 불경을 가져올 때에 백마白馬에 싣고 왔으므로 처음 지은 절을 백마사白馬寺라 하였다.

101 임궁琳宮 : 신선이 거처하는 곳으로, 절에 대한 미칭美稱이다.

102 소의 울음소리가 들리는 거리 : 큰 소 한 마리의 울음이 미치는 거리로 일우후지一牛
喉地 또는 일우명지一牛鳴地라 하며, 대략 5리쯤의 거리를 뜻한다.
103 주실籌室 : 인도의 제4조인 우바국다優波毱多가 많은 사람들을 교화하여 제도했는
데, 한 사람을 제도할 적마다 산가지 하나씩을 내려 둔 것이 높이 20여 척尺, 너비 30
여 척 되는 방에 가득 찼던 데서 온 말로, 전하여 후세에는 수행인을 교화 지도하는
방장 화상方丈和尙을 주실이라 일컫게 되었다.
104 정사(精藍) : 정사가람精舍伽藍의 준말로 불교의 사원을 말한다.
105 후생(第三生) : 전생前生, 금생今生, 후생後生을 삼생三生이라 하고, 제삼생第三生은
후생을 가리킨다.
106 선대감先大監 : 조엄趙曮(1719~1777). 1757년에 교리校理에 올랐으며, 동래부사東萊
府使에 부임하였다. 범어사에 '순상국조공엄혁거사폐영세불망단巡相國趙公曮革祛寺
弊永世不忘壇'이란 단비壇碑가 있는데, 그 비에서 "공은 건륭乾隆 정축丁丑(朝鮮 英祖
33년) 7월에 동래부사로 부임하여 경내에 있는 절들이 모두 산성방위山城防衛를 위
하여 조잔彫殘하였으므로 먼저 부중의 여러 폐단을 제거하고, 3년 뒤 기묘년에 경상
감사慶尙監司로 부임하여 동래부 내에 있는 각 사찰의 의승번채義僧番債와 범어사에
서 납부하는 좌수영지창전보주주자左手營紙倉錢報鑄子를 혁파한 뒤, 무릇 수영修營의
책역責役을 영구히 일체감제一切減制하도록 하였다. 이미 쇠잔한 사찰을 구하고 백
성을 구휼한 여택餘澤이 가난한 승려들에게도 미쳤다. 그 성한 덕을 날이 갈수록 잊
지 못하여 따로 단을 설하고 길이 송축하는 뜻을 표한다."라고 하였다.
107 옥서玉署 : 옥당玉堂으로 홍문관弘文館을 말한다.
108 폐막弊瘼 : 없애 버리기 어려운 폐단을 말한다.
109 산고수장山高水長 : 영원히 전해질 고결한 인품을 표현할 때 쓰는 말. 송宋나라 범중
엄范仲淹의 〈엄선생사당기嚴先生祠堂記〉에 "구름 낀 산 푸르고 푸르듯, 저 강물 곤곤히 흐르고 흐
르듯 선생의 풍도 역시 산고수장일세.(雲山蒼蒼。江水泱泱。先生之風。山高水長。)"라는
말이 나온다.
110 전패殿牌 : 임금의 상징으로 보통 각 고을의 객사에 '전殿' 자를 새겨 세운 나무패를
말한다. 출장 간 중앙 관원이나 그 고을의 원이 여기에 배례拜禮하였다.
111 간평看坪 : 지주가 도조賭租를 매기기 위하여 추수하기 전에 실지로 가서 농작물의
풍흉을 살펴보는 일이다.
112 결복結卜 : 결結과 복卜을 말한다. 전지田地의 단위 면적은 양전척량田尺으로 1척 평
방平方을 파把(줌)라 하고, 10파를 1속束(뭇)이라 하고, 10속을 1부負(또는 卜 : 짐)라
하고, 100부를 1결結(목)이라 한다. 결복은 전지의 면적 또는 전세田稅를 의미하는 말
로 사용된다.
113 걸립乞粒 : 승려들이 무리를 지어 각처로 돌아다니면서 목탁이나 꽹과리를 치며 축

복하는 염불을 하고, 돈이나 쌀을 시주 받는 것을 말한다.

114 적광토寂光土 : 상적광토常寂光土의 준말로 진리와 지혜가 일치된 각자覺者가 거주하는 세계, 곧 법신불法身佛의 세계를 말한다.

115 감인계堪忍界 : 감인세계堪忍世界의 준말로 이 세상은 다양한 고통을 감인하는 세계이므로 이렇게 부른다.

116 대원각大圓覺 : 광대하고 완전한 깨달음이라는 뜻으로 부처님의 지혜를 말한다.

117 평등성平等性 : 진여眞如를 말한다. 그 본성이 평등하고 모든 사물에 널리 퍼져 있기 때문이다.

118 비태否泰 : 본래는 『周易』 두 괘의 이름인데, 운명의 좋고 나쁨과 사정의 순탄·역경을 말한다.

119 사홍서원四弘誓願 : 보살들에게 공통된 네 가지 서원이다. ① 중생무변서원도衆生無邊誓願度는 고통 세계의 중생들은 그 수가 한이 없다 할지라도 다 제도하려는 소원이다. ② 번뇌무진서원단煩惱無盡誓願斷은 번뇌가 한이 없다 할지라도 다 끊으려는 소원이다. ③ 법문무량서원학法門無量誓願學은 법문이 한량없이 많지만 다 배우려는 소원이다. ④ 불도무상서원성佛道無上誓願成은 위없는 불과佛果를 이루려는 소원이다.

120 구연대九蓮臺 : 구품연대九品蓮臺라고도 한다. 정토에 왕생하는 이가 앉는 아홉 종의 연화대이다. 정토의 행자는 임종할 때에 성중聖衆의 마중을 받아 그들이 가지고 온 연대에 타고 정토에 가는데, 그 행자의 품위에 상품상생上品上生에서 하품하생下品下生까지 9품이 있으므로 연대에도 또한 9품이 있다. 상상품은 금강대金剛臺, 상중품은 자금대紫金臺, 상하품은 금련대金蓮臺를 탄다. 중상품은 연화대蓮花臺, 중중품은 칠보연화七寶蓮華, 중하품은 경에 밝혀 있지 않고, 하상품은 보련화寶蓮華, 하중품은 연화蓮華, 하하품은 금련화金蓮華에 앉아 왕생한다.

121 독성獨聖 : 나반那畔 존자를 말한다. 우리나라에서 말세의 복밭이라고 신앙하는 나한이다.

122 난야蘭若 : 아란야阿蘭若의 준말로 원래는 숲을 뜻하는 범어이지만 후에 사원寺院이라는 뜻으로 변하였다.

123 시왕十王 : 지옥에서 죄의 경중을 정하는 10위位의 왕을 말한다. ① 진광왕秦廣王, ② 초강왕初江王, ③ 송제왕宋帝王, ④ 오관왕五官王, ⑤ 염라왕閻羅王, ⑥ 변성왕變成王, ⑦ 태산왕泰山王, ⑧ 평등왕平等王, ⑨ 도시왕都市王, ⑩ 오도전륜왕五道轉輪王. 사람이 죽으면 그날부터 49일까지는 7일마다, 그 뒤에는 백 일, 소상小祥, 대상大祥 때에 차례로 각 왕에게 생전에 지은 선악업의 심판을 받는다고 한다.

124 삼도三途 : 지옥도地獄途·아귀도餓鬼途·축생도畜生途이다. 탐貪·진瞋·치癡 삼독심 때문에 삼도의 괴로움을 받는다.

125 육도문六度門 : 생사의 차안此岸에서 열반의 피안彼岸으로 건너가는 여섯 개의 법문이라는 뜻으로 육바라밀六波羅蜜이라고도 하는데, 보시布施·지계持戒·인욕忍辱·정진精進·정려靜慮·지혜智慧를 말한다.

126 주벽主壁 : 좌우로 벌여 앉은 자리의 가운데에 위치한 주되는 자리, 또는 그 자리에 앉은 사람.

127 복을 구함이 간사하지 않다 : 『시경』〈旱麓〉에서 "즐거운 군자는 복을 구함이 간사하지 않다.(豈弟君子。求福不回.)"라고 하였다.

128 선을 쌓으면~경사가 있다 : 『주역』「坤卦」문언文言에서 "덕행을 쌓은 집안은 자손까지 경사가 미친다.(積善之家。必有餘慶。)"라는 말에서 나온 것이다.

129 수달須達이 금을 깐 일 : 수달다 장자가 기원정사를 짓기 위하여 제타 태자의 원림을 금으로 산 일을 말한다.

130 병 속의 별천지 : 호리병 속의 선경仙境이라는 뜻으로 여기서는 경치의 아름다움을 말한다. 후한後漢의 술사術士인 비장방費長房이 선인仙人 호공壺公의 총애를 받아 그의 호리병 속에 들어가서 선경의 낙을 즐겼다는 전설이 있다.

131 장생蔣生 : 한漢나라 장후蔣詡는 자가 원경元卿으로 왕망王莽이 집권하자 벼슬에서 물러나 향리인 두릉杜陵에 은거하였다. 그 뒤로 집의 대밭 아래에 세 개의 오솔길을 내고 벗 구중求仲과 양중羊仲 두 사람하고만 교유하였다.

132 백아伯牙 : 춘추시대에 금琴을 잘 탔던 사람이다. 백아가, 지음知音의 벗 종자기鍾子期가 죽자 금 소리를 들을 사람이 없다 하여 금의 현絃을 모두 끊고 다시는 타지 않았다는 고사가 전한다.

133 동쪽에서 바르고 서쪽에서 지우듯이 : 이리저리 간신히 꾸며 대어 맞춤을 이른다.

134 비사문천毘沙門天 : 북방을 수호하는 신으로 재부財富를 담당한다.

135 아난阿難의 바다 : 아난은 부처님의 사촌 동생으로 다문多聞 제일의 제자이다. 여기서 부처님의 가르침(敎海)을 바다에 비유하였다.

136 장삼張三은 쇠퇴했다~가난해지니 가련하구나 : 장삼이사張三李四는 장씨의 셋째 아들과 이씨의 넷째 아들이란 뜻으로 성명이나 신분이 뚜렷하지 못한 평범한 사람들을 가리킨다.

137 봉래도蓬萊島 : 원래는 선인仙人이 산다는 삼신산三神山의 하나인 동해 봉래산蓬萊山을 가리키지만 여기서는 동래를 말한다.

138 차고 넘치면 : 원문에는 '漏滲'으로 되어 있으나 『범어사지』에는 '滿溢'로 되어 있으므로 거기에 따라 번역하였다.

139 후직后稷 구룡句龍 : 사직을 말한다. 사직은 토지와 오곡의 신神인 구룡句龍·후직后稷을 제사하는 곳이다.

140 지금까지 우리~덕 삼축三祝한다오 : 화봉삼축華封三祝의 준말로『莊子』「天地」에 요

堯임금의 시대에 화華라는 땅의 봉강封疆을 지키는 사람이 요임금을 위하여 수壽·부富·다남자多男子 세 가지가 성취되도록 빌었다는 고사가 있다.

141 환질幻質을 지녔다네 : 『범어사지』에 따라 번역하였다.
142 원적산圓寂山 : 천성산千聖山의 옛 이름이다.
143 순일舜日 : 순임금의 태양이라는 말로 태평성대를 이룰 성군聖君이라는 뜻이다.
144 찰간刹竿 : 나무나 쇠로 깃대 모양을 만들고 꼭대기에 금속으로 장식하여 불당 앞에 세운 장대이다.
145 태사공太史公 : 『史記』의 저자인 사마천司馬遷을 말한다.
146 용면龍眠 : 송宋나라 이공린李公麟을 말한다. 그가 그린 〈山莊圖〉는 세상의 보물로 일컬어진다. 인물의 묘사에 뛰어나 고개지顧愷之와 장승요張僧繇에 버금간다는 평가를 받았다.
147 왕민王珉 : 사공司工 왕민이 호구산虎丘山에 별숙別塾을 짓고 보시하여 절로 삼고 호구산사虎丘山寺라고 하였다.
148 마하사摩訶寺 : 부산 금련산金蓮山에 있다.
149 동황東皇 : 봄을 주관하는 신의 이름이다.
150 원통한 새가 바다를 메운다 : 염제炎帝의 딸이 동해東海에 빠져 죽은 뒤 정위精衛라는 새로 변해 그 원한을 풀려고 늘 서산西山의 목석木石을 입에다 물고서 동해에 빠뜨려 메우려고 했던 이야기가 있다.
151 어리석은 노인이~옮기는 깃 : 북산北山의 노인이 왕옥산王屋山을 옮기려고 날마다 삼태기를 가지고 산을 파서 날랐다는 우공이산愚公移山의 고사를 말한다.
152 이로움은 의에 화합함이다 : 『주역』「乾卦」 문언전文言傳에 나오는 구절이다.
153 평산平山 : 임제종의 18대 조사인 평산 처림平山處林.
154 위백양魏伯陽 : 도술道術을 좋아하여 장생불사한다는 단약丹藥을 연구하였다. 제자 세 사람과 같이 산중에 들어가서 단약을 구워 만들어서 신선이 되었다 한다. 그의 저술 중 『參同契』가 유명하다.
155 소노천蘇老泉 : 소식蘇軾의 부친 소순蘇洵으로 노천은 그의 호이다.
156 연모燕毛 : 제사가 끝나고 철상撤床을 한 다음 잔치할 때는 작爵과 사事는 따지지 않고 다만 머리털 색깔로 앉는 순서를 정한다는 뜻인데, 여기서는 나이 순서를 따지는 것이다.
157 염念 : 성념性念을 이른다.
158 등장等狀 : 여러 사람이 연명하여 관사에 어떠한 요구를 소원하는 일을 말한다.
159 희름餼廩 : 녹봉으로 주는 쌀.
160 별포別砲 : 별포군別砲軍을 말한다.
161 是乎乃 : 이두 표기로 음음은 '이오니'이고, 뜻은 '~이나, ~이오나, ~이지마는'이다.

162 乙 : 이두 표기로 음은 '을'이고, 뜻은 '~늘, ~거늘, ~어늘'이다.
163 仍于 : 이두 표기로 음은 '즈츨우, 지즈로, 지즈루'이고, 뜻은 '말미암아, 인하여, 까닭으로'이다.
164 爲白去乎 : 이두 표기로 음은 'ᄒᆞᆲ거늘, ᄒᆞᆲ거늘'이고, 뜻은 '~하옵거늘'이다.
165 敎是 : 이두 표기로 음은 '이시, 이샨'이고, 뜻은 '~하신, 하옵신, 하옵실'이다.
166 爲白只爲 : 이두 표기로 음은 'ᄒᆞᆯ기위, ᄒᆞᆯ기위, ᄒᆞᆲ기암, ᄒᆞᆲ기삼'이고, 뜻은 '~하옵도록, ~하옵기 위하여'이다.

찾아보기

가섭迦葉 / 139
감인계堪忍界 / 232
계봉 / 84
광려산匡廬山 / 91
광악匡岳 / 142
광운 / 48
교진여憍陳如 / 211
구아謳治 / 77
구연대九蓮臺 / 234
구포 / 128
굴원屈原 / 51
금곡원金谷園 / 61
금련산金蓮山 / 260
금정산金井山 / 50, 81, 211, 216
금정산성金井山城 / 274
금파錦坡 / 107, 109
기명奇明 / 250
기영奇英 / 236
기원정사祇園精舍 / 211

나옹懶翁 / 269
낭야산瑯耶山 / 216
내문乃文 / 104
내원암 / 238
녹야원鹿野苑 / 173, 211

대목련大目連 / 211
대성암大聖庵 / 213, 264, 275
대원각大圓覺 / 232
대흥사大興寺 / 222
도연명 / 153, 158
두령 / 88

마하사摩訶寺 / 258, 260, 262
망금암 / 31
맹종孟宗 / 167
명흡明洽 / 229
모영毛穎 / 68
미륵전 / 250

반계磻溪 / 178
배 상공裵相公 / 222
배 상국裵相國 / 213
배휴裵休 / 260
백련사白蓮社 / 216
백아伯牙 / 243
범어사 / 211, 224, 232, 240, 246
법탄法坦 / 229

별포군別砲軍 / 274
봉영蓬瀛 / 127
부상扶桑 / 83, 88
비사문천毘沙門天 / 244

사산 / 102
사자암獅子庵 / 257
상강湘江 / 110
서림사 / 222
성암成庵 / 175
성암聖庵 / 86, 168
성조도감成造都監 / 229
소동파 / 61
소모장수召募將帥 / 229
소씨족보서蘇氏族譜序 / 269
송옥宋玉 / 190
수달須達 / 243
수신사 / 154
숙야叔夜 /186
승군僧軍 / 274
시경詩經 / 241
쌍벽루 / 126

아난阿難 / 244
약목若木 / 58, 83
어회계魚會禊 / 250
여산廬山 / 86
영산 / 172

예봉禮峯 / 260
왕민王珉 / 254
왕상王祥 / 167
용면龍眠 / 254
용화전龍華殿 / 254
용흥사龍興寺 / 213
우봉友峯 / 227
우전왕優闐王 / 232, 243
울암蔚庵 / 269
원적산圓寂山 / 252
원효암 / 220, 221, 252
원흥방元興房 / 243
위백양魏伯陽 / 269
유황주硫黃酒 / 71
은대銀臺 / 176
응허應虛 / 220
의상義湘 / 127, 211, 229, 246, 250
의상대 / 83, 127, 201
이연린李蓮隣 / 156, 191

자서子西 / 64
자수自修 / 229
자장子長 / 88
장생蔣生 / 243
장연호 / 194
적광토寂光土 / 232
정령鼎嶺 / 147
정석정鄭石汀 / 171, 180, 183
조엄趙曮 / 274
종소宗少 / 88
주역周易 / 35, 117, 241, 266

준오踆烏 / 83
지도支道 / 90
직오織烏 / 83

참동계 / 269
천남사 / 84
청풍당 / 218
청허淸虛 / 269

태영泰英 / 222
통도사 / 103

평등성平等性 / 232

평산平山 / 269
풍성豊城 / 77

한설초 / 198
함지咸池 / 58
함홍당 / 216, 227
해낭奚囊 / 90
해룡당 / 101
해산海山 / 212, 213
해운海雲 / 212
해운대 / 180
형가荊軻 / 77
혜원惠遠 / 158
혜휴惠休 / 142
화엄경 / 211
환산 / 139
흥덕왕興德王 / 211, 218, 229, 246, 252

의룡 체훈 義龍體訓
(1822년경~1895년경)

19세기 후반에 범어사에 주석하며 시를 짓고 여러 불사에 기문을 쓴 스님으로, 필사본 원고인 『의룡집義龍集』을 남겼다. 문집에 서문, 발문이나 행장이 수록되지 않았고, 다른 비문도 남아 있지 않아 작가에 대한 자세한 고찰은 어렵다. 다만 문집과 『범어사지』에 수록된 몇몇 기문의 기록을 참고해 볼 때 대사는 침송 계언枕松戒彦(19세기 중후반)의 제자로서 1820년대 초에 출생하여 1890년대 초에 입적한 인물이 확실하다. 대사의 법제자나 법손들이 1900년대 초 범어사의 근대적 불교 개혁에 참여한 것으로 추정되나, 아직 그 관계는 밝혀지지 않았다.

옮긴이 김석군

동국대학교 불교학과 석사를 수료하고, 동국대학교 역경원에서 근무하였다. 현재 동국대학교 불교학술원 DB팀 전임연구원으로 근무 중이다. 역서로는 『일체경음의』, 『화엄경음의』, 『초의집』이 있다.

증의 및 윤문
이종찬(동국대학교 국어국문학과 명예교수)
김종진(동국대학교 불교학술원 조교수)